Ils sont elles

Histoires extraordinaires d'écrivaines qui ont choisi des noms d'hommes

De la même autrice

Robert Walser, Paris, Plon, 1989 ; rééd. Le Rocher, 2002.
Stefan Zweig et Vienne, Paris, Éditions du Chêne, 2000.
De Bruges à Amsterdam, Paris, Éditions du Chêne, 2003.
Isabelle Eberhardt ou le rêve du désert, Paris, Éditions du Chêne, 2004.
Stefan Zweig, Paris, Gallimard, 2006.
Arthur Schnitzler, Paris, Fayard, 2007.
Alma Maher, Paris, Payot, 2009.
Le pianiste voyageur. La vie trépidante de Louis Moreau Gottschalk, Payot, 2011.
Rilke, une existence vagabonde, Fayard, 2016.
L'homme à la fourrure, roman graphique avec les dessins de Anne Simon, Dargaud, 2019.
Depuis que je vous ai lu, je vous admire. Visites d'écrivains à leurs maîtres, Fayard, 2021.

Catherine Sauvat

Ils sont elles

Histoires extraordinaires d'écrivaines qui ont choisi des noms d'hommes

Flammarion

ISBN : 978-2-0804-3782-2

Avant-propos

Prendre un pseudonyme ou un nom de plume : une stratégie bien connue de l'histoire littéraire, qui nous dit que publier n'a pas toujours été une évidence. A fortiori quand on est née femme.

Si des écrivains ont refusé de signer pour des raisons politiques ou religieuses, les écrivaines ont dû, de surcroît, lutter contre les jugements moraux, braver les quolibets et les dénigrements : manque de génie, de savoir-faire, de vision. Les commentaires méprisants à leur endroit sont d'autant plus incroyables qu'ils paraissent comme le juste prix à payer pour ces fausses ou vraies naïves qui prétendent à la chose écrite. Combien de femmes empêchées, contrariées, soumises à une injonction maritale, familiale, à des impératifs éditoriaux ou à une pression sociétale sont allées jusqu'à changer leur identité pour se donner une chance d'exister en littérature ?

Aux XVIIe et XVIIIe siècles – évidemment dans des classes sociales élevées –, on se méfie des femmes savantes. Et devant leur production, on se demande même si ce sont bien elles qui ont écrit. De plus, il est de bon ton de rejeter toute étiquette professionnelle. Car on attend d'elles qu'elles ne tirent aucune gloire de leur livre. Ne pas se montrer, ne pas exister. Publier, à la rigueur, mais sous couvert d'anonymat.

Les droits juridiques chèrement acquis par les femmes après la Révolution française sont vite supprimés par le code Napoléon qui les soumet à l'autorité d'un père ou d'un mari et leur interdit toute autonomie. Elles qui n'ont que peu accès à l'éducation – il vaut mieux être issues de milieux où se trouvent des bibliothèques ou des parents désireux de partager leurs savoirs – s'acharnent à lire et à apprendre. Se vouloir comme un être pensant, à l'égal de l'homme, s'apparente presque à un acte de rébellion en soi.

Pour se soustraire à la misogynie ambiante, elles n'ont pas beaucoup d'échappatoires. Le pseudonyme en est une. Il permet de se débarrasser des stéréotypes sur leur sexe. Leur parole peut alors s'exprimer, dans les gazettes ou dans les librairies. Le paradoxe ici étant que ces premiers textes qui plaident souvent la cause féminine paraissent sous des noms d'hommes…

Les stratagèmes peuvent survenir là où on les attend le moins. Une Jane Austen – qui signe d'un sobre et délicat *By a Lady* – détourne à sa manière le roman tel qu'on l'imagine alors. Il y est certes question de sentiments, ainsi que d'orgueil, de raison et de préjugés, mais aussi plus profondément d'une remise en cause des valeurs qu'on qualifierait désormais de « patriarcales », avec un mordant et une ironie dans lesquels se reconnaît aujourd'hui la génération dite Z.

Toujours en Angleterre, quelque vingt ans plus tard, une Charlotte Brontë demande à un poète et éditeur son opinion sur ses textes, lequel la rappelle à ses devoirs de femme... Elle rétorque : « *De temps à autre, quand j'enseigne ou quand je couds, je sens que je préférerais de loin lire ou écrire. Mais je m'efforce de me contenir*[1]. » À quoi bon s'étonner que les trois sœurs Brontë, dont les romans sont aujourd'hui des classiques, ne deviennent... trois frères. Une sororité qui reprend le pouvoir.

La créativité dont certaines ont fait preuve dans le subterfuge marque parfois plus les mémoires que leur œuvre elle-même. L'écrivaine Mary Diana Dods, amie de Mary Shelley, se fait passer pour le mari d'une femme enceinte afin de lui éviter d'être rejetée par sa famille. Le couple ainsi officialisé apparaît en société et notamment dans des salons littéraires. D'autres mettent autant de romanesque dans leur œuvre que dans leur vie. Et quelles vies ! George Sand choisit en toute désinvolture amants et amante, s'habille en homme pour circuler à sa guise dans l'espace public, bravant ainsi la loi, et s'impose à l'égal de ses confrères écrivains. Flaubert ne l'appelle-t-il pas « *cher maître* » dans ses lettres tant elle parvient à instaurer avec lui une réelle altérité ? Un précédent qui frappe les esprits. Elles sont nombreuses alors, ces écrivaines devenues « hommes

1. Charlotte Brontë, Lettre du 16 mars 1837, *Se construire avec patience*, Rome, L'Orma, 2021.

de lettres », à se découvrir plus audacieuses derrière « un » autre. Marc de Montifaud qui n'hésite pas à détailler la passion des corps, transgressant ainsi les codes tacites. Ou Rachilde qui bouscule les genres avec ses héroïnes masculines face à des hommes féminisés.

Le Puits de solitude, un roman paru en 1928, raconte comment une jeune femme découvre ses penchants pour d'autres femmes. Son autrice, qui vivait au grand jour son homosexualité, aurait jugé impensable de signer… Marguerite. Aux yeux de tous, elle est Radclyffe Hall. Renée Vivien prône quant à elle un refus du genre, revendiquant sa « fluidité » avant la lettre – son narrateur/narratrice est un « on ». Plus de binarité qui freine et entrave. De son côté, Claude Cahun, poétesse et photographe, affirme : « *Neutre est le seul genre qui me convienne toujours*[2] » et défie les représentations.

À tant refuser d'apparaître, certaines ont bel et bien disparu. Il aura fallu plus d'un siècle pour retrouver la trace de Louisa May Alcott, alias A.M. Barnard, la romancière du célèbre *Les Quatre Filles du Docteur March*. Et qui a entendu parler de Murray Constantine, alias Katharine Burdekin, l'étonnante autrice de romans d'anticipation féministe ? Sans l'opiniâtreté d'une universitaire, ni son nom ni son œuvre auraient pu refaire surface.

Une part de leur héritage littéraire, longtemps resté dans l'ombre, nous saute aux yeux aujourd'hui.

---

2. Claude Cahun, *Aveux non avenus*, Paris, Mille et Une Nuits, 2011.

On s'étonnerait presque d'être passé à côté d'elles si longtemps. On réhabilite Madame de Duras qui, en 1823, publie anonymement *Ourika*, l'histoire d'une jeune femme réalisant qu'elle ne sera jamais aimée en retour parce qu'elle a la peau noire. Elle n'en reste pas là, abordant les différences de classe et même l'impuissance sexuelle. Cette seconde chance que leur accorde l'histoire littéraire est teintée d'une cruelle ironie si l'on évoque ici ou là l'œuvre très oubliable d'une poignée d'auteurs hommes dont la postérité est inversement proportionnelle au talent...

La récente initiative d'un prix littéraire anglais a surpris : il s'agissait de republier dans une collection intitulée « *Reclaim Her Name* » vingt-cinq autrices sous leurs vrais patronymes. George Eliot est ainsi redevenue Mary Ann Evans, George Sand Aurore Dupin, etc. On imagine la circonspection des deux George, surtout Eliot, qui tenait tant au nom qu'elle s'était forgé : la signature de son identité. Vernon Lee y retrouve celui de Violet Paget, un comble pour une féministe lesbienne qui a rejeté cet aspect ancien de son existence. On n'efface pas impunément une décision à ce point intime.

Souvent pris dans l'urgence, en puisant dans un héritage familial, dans des noms de villages d'origine ou des alentours, les pseudonymes rendent à la fois compte d'une libération et d'une catharsis littéraire. N'est-ce pas aussi le cas des deux plus célèbres Marguerite du XXe siècle, Yourcenar et Duras, dont les noms d'emprunt sont certes restés féminins mais qui, outre le fait de se référer à une terre, ont voulu se débarrasser de leurs origines, plus particulièrement des figures paternelles. Rompre ses chaînes visibles et invisibles.

Les écrivaines réunies dans ces pages l'ont été sur des critères évidemment subjectifs. Il faudrait en citer tant d'autres, comme Georges de Peyrebrune, Raoul de Navary, Manoël de Grandfort, André Léo, George Flemming. Mais aussi Laurent Daniel, plus connue sous le nom d'Elsa Triolet, qui, sous ce pseudonyme rendant hommage au couple de résistants Laurent et Danielle Casanova, a pu publier une nouvelle dans la clandestinité en 1943. Ou même Harper Lee qui a abandonné son premier prénom Nelle pour mettre en avant le second, plus marquant certainement.

Différentes par leurs origines, leur culture et leur époque, elles abordent chacune des thèmes et des genres littéraires propres. Mais, femmes malgré tout, femmes avant tout, parfois fidèles à leurs idéaux ou choisissant un mauvais combat, toutes n'ont pas eu un parcours exemplaire.

Courageuses, complexes et singulières, à la fois actrices et témoins de leur temps, voici leurs histoires.

Mesdames de…

Madeleine de Scudéry, alias Georges de Scudéry Madame de La Fayette, alias anonyme

« *Puisque nous laissons la domination aux hommes, qu'ils nous laissent au moins la liberté de connaître toutes ces choses dont notre esprit est capable*[1]. »

Le XVIIe siècle est sans doute le moment pivot de l'histoire de la création littéraire des femmes. Cela va de pair avec l'imprimerie qui, en quatre décennies, a multiplié par dix le nombre de livres publiés par an – d'autant qu'on lit désormais en français et plus uniquement en latin. Les femmes qui écrivent sont à l'origine de nouveaux genres, comme les contes merveilleux et le roman plus intime et psychologique tel qu'on l'entend aujourd'hui.

1. Madeleine de Scudéry, *Les Femmes illustres ou Les Harangues stoïques*, Paris, Courbé, 1642.

En dépit de ces conditions propices, certaines ne sont pas prêtes à apparaître. Elles se servent d'un prête-nom ou préfèrent rester anonymes. À vingt ans d'écart, deux figures ressortent particulièrement – elles se connaissent et sont liées. La première va emprunter le nom de son frère, déjà écrivain, et la seconde va s'employer à être invisible, allant jusqu'à prétendre ne pas en être l'autrice. Toutes les deux avancent en se dérobant chacune à sa manière. Madeleine de Scudéry inaugure le courant « précieux », Madame de La Fayette la peinture des sentiments et le roman psychologique.

Dans ce Grand Siècle où n'est évoqué que la modestie ou la bienséance pour les femmes, qu'il est difficile de prétendre s'occuper des « *choses de l'esprit* » – étant entendu que les seules concernées sont issues de milieux élevés, voire aristocratiques. La question de l'accès à l'éducation est devenue centrale. Grâce à la vogue des salons, les femmes peuvent, à leur tour, manifester leur intérêt pour la culture, alors qu'elles ne bénéficient pas des mêmes apprentissages que les hommes. Même si elles sont encore principalement dévolues au mariage et à la maternité, elles ont entamé ce long chemin vers leur émancipation intellectuelle.

Née en 1607, Madeleine de Scudéry, qui a vécu jusqu'à l'âge canonique de quatre-vingt-quatorze ans, a rédigé des milliers et des milliers de pages. Au regard de l'immense succès qu'elle a pu apprécier sa vie durant, si peu d'elle subsiste dans nos mémoires. On se souvient peut-être de cette fameuse carte du

Tendre, celle de ce pays imaginaire, le royaume de l'Amour, destiné à figurer chaque étape des sentiments – le fleuve Inclination qui peut mener vers le lac d'Indifférence ou la Mer dangereuse, en passant par les étapes des soupirs ou du feu déclaré. Mais on peine à se figurer l'importance en France comme à l'étranger de celle que les Italiens ont baptisée « l'Universelle ».

Le départ dans la vie n'a pourtant pas été simple pour elle et son frère Georges. Issus de la petite noblesse, ils sont orphelins très jeunes – elle à six ans et lui à douze. Leur nom de famille étant déshonoré en raison de forfaitures commises par le père qui a terminé ses jours à la Conciergerie, l'une des prisons les plus importantes de Paris, ils font aussi face à de lourdes dettes, ce qui privera Madeleine de toute dot. Heureusement, un oncle ecclésiastique se charge de leur éducation et la jeune fille bénéficie de beaucoup plus qu'une personne de son sexe ne peut espérer. Sans grande perspective d'avenir, le chemin le plus sûr aurait dû passer par le couvent, mais c'était sans compter son frère Georges qui l'accueille à Paris où il s'est installé. À vingt-huit ans, elle déploie toute l'énergie nécessaire pour fréquenter les salons et participer aux conversations érudites. Georges, entretemps, s'est fait un nom. Il a quitté l'épée pour la plume et voici qu'on le surnomme déjà le « Matamore des lettres », pour se moquer de ses ardeurs polémiques. Drames, romans, il ferraille désormais avec les mots, n'hésitant pas à attaquer Corneille sur sa pièce *Le Cid* en raison de son prétendu manque de vraisemblance – une bataille qui fera longtemps rage. De son côté, Madeleine est reçue dans le salon le plus en vue des lettres, celui de l'hôtel de Rambouillet, que fréquentent les noms célèbres. On y discute, on chante, on pratique la lecture à voix haute et on versifie.

Elle aussi commence à écrire. Dans un livre intitulé *Femmes illustres,* où elle a regroupé des portraits d'héroïnes de l'Antiquité, elle s'attache à montrer que celles-ci, lorsqu'elles sont confrontées à de cruelles péripéties, soutiennent très largement la comparaison avec la bravoure des hommes. Une manière de suggérer que les femmes ont peut-être d'autres talents à offrir que leur seule beauté. Puis elle s'attelle à des romans épiques qui dépassent chacun les milliers de pages, *Artamène ou le Grand Cyrus* (13 000 pages) ou encore *Clélie, histoire romaine* (7 300) – un véritable record ! Dans ces intrigues entremêlées aux nombreux rebondissements, sont aussi traités, sous forme de conversations entre les personnages, des sujets qui touchent à l'amour et à l'amitié.

Pour chacun de ces ouvrages, c'est en revanche le nom de son frère qui apparaît, selon une sorte de pacte passé entre eux de manière à détourner les interdits de l'époque. Il est entendu qu'elle peut tirer un certain « avantage » de la notoriété de celui-ci afin de donner plus d'attention à ses propres romans, mais cela ne s'arrête pas là. Car une fois le succès survenu – et il est immense au vu des nombreuses traductions et rééditions – elle aurait pu se mettre en avant et se présenter enfin sous son nom. Elle ne le fera pas.

Dans son entourage évidemment, pas de mystère. On la surnomme même Sapho, du nom de la poétesse grecque qu'elle a par ailleurs dépeinte. Et lorsqu'elle cesse d'utiliser le nom de Georges de Scudéry, elle n'en fera reporter aucun autre sur ses couvertures, gardant l'anonymat. Car celles qui font étalage de leur culture et se piquent d'ambitions intellectuelles craignent d'être stigmatisées comme « savantes » – ce qui est loin d'être un compliment. Précisons que ce terme appliqué aux hommes n'entraîne pas la même réprobation. Mais pour les dames, c'est une équation bien complexe que d'avoir la tête bien faite et de ne pas s'en prévaloir.

On le comprend d'autant mieux en voyant l'amalgame absurde qui s'est créé autour du cercle des Précieuses. Qui ne se souvient de la pièce de Molière sur celles qu'il nomme *Les Précieuses ridicules* (1659) ? Il faut juste rappeler que sa caricature vise des bourgeoises provinciales, impatientes de s'imposer dans la capitale, et qui s'acharnent à copier maladroitement les beaux esprits à l'aide d'un langage trop alambiqué. Même procédé dans *Les Femmes savantes* (1672) où Molière ne se moque pas tant de celles qui aspirent à la connaissance que de ceux qui les dénigrent dans leur démarche. En réalité, et au-delà de la satire du dramaturge, après la rudesse et le manque de savoir-vivre sous le règne d'Henri IV, l'heure se veut au raffinement spirituel dans la pensée et l'écriture.

Molière n'est toutefois pas le pire. Des critiques, beaucoup plus dures, vont suivre. Madeleine de Scudéry et son salon littéraire vont en devenir la cible. Boileau, en particulier, qui va s'acharner contre elle. Il veut défendre les valeurs traditionnelles et viriles d'une société qui se féminise, selon lui à outrance, et charge tout aussi exagérément celle qui en symbolise les excès. D'ailleurs, Mademoiselle de Scudéry ne s'est jamais mariée, une preuve supplémentaire de ce qu'il avance. Sans doute les pilonnages de Boileau ont-ils contribué à l'image écornée de l'écrivaine, mais aussi à son effacement de l'histoire littéraire, malgré le retentissement de son œuvre.

À quelques décennies d'écart, ce n'est pas tout à fait la même histoire qu'a vécue Madame de La Fayette. Marie-Madeleine Pioche de La Vergne vient aussi de la petite noblesse, établie dans l'entourage du cardinal de Richelieu. Son père, écuyer du roi, meurt lorsqu'elle a quinze ans. Elle est alors choisie pour devenir demoiselle d'honneur de la reine Anne d'Autriche, la future mère de Louis XIV. Sa mère s'étant remariée avec un membre de la famille de Sévigné, elle se lie également avec la marquise. Elle apprend le latin, le grec et l'italien grâce à son mentor, l'abbé Gilles Ménage, un grammairien et historien, qui l'introduit dans les salons littéraires les plus en vue, dont celui de Madame de Rambouillet. En 1655, à vingt et un ans, elle épouse le comte Motier de La Fayette, un veuf impécunieux de plus haute noblesse que la sienne, qui mène une vie retirée sur ses terres et dont elle va vivre séparément après la naissance de leurs deux fils. Mais, fait rarissime en ces temps, le comte la laisse vivre seule à Paris avec ses enfants, et tous les pouvoirs en main pour gérer leurs affaires en son absence. Et c'est d'ailleurs elle qui fait prospérer l'économie de leur ménage.

Elle fait d'abord paraître une nouvelle historique, *Madame de Montpensier*, sans qu'aucun nom ne figure sur la couverture. Outre son sexe, c'est aussi son rang qui en est la cause. Une femme de qualité ne peut prétendre publier, car écrire doit rester un loisir avant tout. Plus impensable encore, il n'est pas question d'exposer son nom ni de gagner de l'argent avec ses livres. Dans cette petite société fermée sur elle-même, le secret est une des valeurs cardinales. Comment comprendre que ses amis surnomment Madame de La Fayette « le brouillard », sinon pour souligner sa volonté d'estomper les contours de l'apparence, de mettre un écran entre soi et les autres ?

La Princesse de Clèves (1678) rompt avec la tradition des romans de Madeleine de Scudéry en resserrant le cadre de son intrigue et le nombre de ses personnages. La vraie innovation passe surtout par un désir de s'inscrire davantage dans le réel avec une analyse psychologique de leurs émotions, ainsi que par un style beaucoup plus concis. Elle dément pourtant en être l'autrice, « *flattée*[2] », dit-elle, qu'on ait pensé à elle, le niant jusqu'à la fin de sa vie. Les polémiques nombreuses autour du roman ne vont jamais concerner l'identité supposée de l'autrice, mais avant tout ce qui a poussé l'héroïne à avouer à son mari son amour pour un autre. Une enquête

2. Madame de La Fayette, Lettre du 13 avril 1678, citée in *Revue des Deux Mondes*, tome 41, 1880.

dans la revue du *Mercure galant* aura même été lancée pour savoir si celle-ci avait raison.

Il faudra un siècle supplémentaire pour que Madame de La Fayette soit désignée par son nom.

Ce XVIIe siècle où les femmes restent exclues des universités et des académies a au moins permis à leurs œuvres de circuler. Si Madeleine de Scudéry n'a pas traversé les époques, Madame de La Fayette, elle, a réussi cette prouesse. On a même cité voici quelques années son roman comme justification de la prétendue inutilité de la littérature. Un savoir superflu selon certains. Les nombreuses levées de bouclier ont heureusement prouvé le contraire.

La princesse elle-même aurait pu conclure : « *J'ai de la force pour taire ce que je crois ne pas devoir dire*[3]. »

---

3. Madame de La Fayette, *La Princesse de Clèves*, Paris, Le Livre de poche, 1998, coll. « Les Classiques de poche ».

Duras, première du nom

Claire de Duras, alias anonyme

« Je ne suis pas encore assez auteur
pour priser cette gloire[1]. »

Il y aurait un cas Claire de Duras. Empressons-nous de mettre de côté Marguerite, notre contemporaine, dont le pseudonyme vient d'un village du Lot-et-Garonne, pour remonter plus loin dans le temps. La duchesse de Duras, née Claire de Coëtnempren de Kersaint, une aristocrate au destin troublé, s'impose aujourd'hui, quelque deux cents ans plus tard, comme une véritable icône littéraire. Ses romans touchent à des sujets toujours brûlants, notamment sur l'identité et la discrimination raciale, les préjugés de classe et l'exclusion. Tous avec une clé commune, celle d'un amour impossible en raison de la différence qu'entraîne un état d'infériorité.

1. Claire de Duras, Lettre à Rosalie Constant, cité in R. Tezenas du Montcel, « Madame de Duras, cette inconnue », *Revue des Deux Mondes*, août 1968.

Madame de Duras meurt tôt, à cinquante ans à peine, laissant derrière elle bon nombre de manuscrits dont certains n'ont été que récemment publiés. Elle a commencé tardivement et, dans la seule année 1822, a écrit quatre romans, dont un dernier inachevé. Qu'aurait-elle produit avec quelques années de plus ?

Mais là est bien la difficile équation pour celle qui aura le plus grand mal à se considérer comme une écrivaine, ou plutôt comme un « auteur », tel qu'elle le formule. Un mot trop prétentieux pour elle, qu'elle utilise avec mille précautions, entre fausse ironie et réelle modestie. Comment pourrait-il en être autrement lorsque face à elle se dressent les *ego* boursouflés de certains plumitifs ? « *Je les vois tous si sûrs que ce qu'ils font est superbe*[2] », s'exclame-t-elle. Même si elle prétend les envier, elle ne s'autorise pas à exprimer sa propre ambition littéraire.

Les raisons sont multiples, à la fois personnelles et indissociables de l'époque qui ne donne pas de juste place aux femmes.

Il faut revenir sur ses origines familiales dont le cours va être pour le moins perturbé. La Révolution a permis à ses parents de divorcer grâce à la promulgation de nouvelles lois. Mais sous la Terreur, son père, député girondin aux idées libérales, engagé notamment en faveur de l'affranchissement des esclaves, va être condamné à l'échafaud en raison de

2. Claire de Duras, Lettre à Rosalie Constant, cité in Chantal Bertrand-Jennings, « Condition féminine et impuissance sociale », in *Romantisme*, Revue du XIXe siècle, 1989.

son opposition à l'exécution de Louis XVI. Claire et sa mère ont le malheur de l'apprendre à la volée par un crieur public dans la rue. Elles fuient en Martinique où elles vendent leurs possessions puis se réfugient en Angleterre. La jeune femme y rencontre son futur époux, le duc de Duras, plus attiré par sa dot que par elle, et met deux filles au monde. De retour en France, pendant l'Empire, le couple vit en Touraine. Il gère la fortune de sa femme tout en se montrant indifférent aux sentiments qu'elle lui porte. Pour se consoler, elle se plonge dans la lecture. Enfin elle rencontre celui qui devient son « *cher frère* », François-René de Chateaubriand, avec lequel elle développe une amitié... amoureuse – une fois de plus elle n'est pas payée en retour. Et pourtant elle y met du cœur ! Il n'y a rien qu'elle ne fasse pour lui, comme mettre son intelligence et son carnet d'adresses à sa disposition, le soutenir, l'aider stratégiquement pour qu'il obtienne un poste de diplomate, à Londres, Vérone, Berlin, quand ce n'est pas financièrement en réglant ses dettes. Dans leur correspondance, elle s'attarde volontiers sur les ambitions professionnelles du grand homme.

Pendant une vingtaine d'années, elle tient chez elle un salon très prisé où se croisent à la fois politiciens et écrivains des plus brillants. On vante son enthousiasme, son instruction et ce qu'un témoin nomme « *le charme magique de sa conversation*[3]. » Et c'est aussi là

3. Cité in Irène Olive-Larney, « Les personnages et leurs modèles de Prévost à Chateaubriand dans les fictions achevées de Claire de Duras », 2020, Dumas, Master de lettres, Hal Open Science.

où elle raconte volontiers une histoire inspirée d'un fait réel qu'elle enrichit chaque fois avec un grand brio. Ses amis, enchantés par son talent de conteuse, insistent pour qu'elle l'écrive. C'est ainsi qu'elle se retrouve, exaltée, la plume à la main, à finir son récit presque d'une traite. Évidemment, elle l'envoie à Chateaubriand. Au début il l'encourage, trouve son texte très réussi, la complimente même, mais assez vite, se lasse de l'attention qu'elle porte à son manuscrit – autant de temps qu'elle ne déploie pas pour sa carrière de diplomate. Pire encore, lorsqu'elle commence à le lire dans les salons, toujours avec succès, il s'en agace. Comme si tout le monde n'avait de cesse de parler du merveilleux petit livre de son amie et que la considération à laquelle il était habitué devenait moindre.

Et pour cause, Claire de Duras a produit un ovni, un de ces ouvrages hors champ qui frappe et émeut.

Ourika, du nom de son héroïne, met en scène l'histoire d'une petite fille noire ramenée du Sénégal, « offerte » à une famille d'aristocrates. Elle bénéficie d'une excellente éducation et des mêmes attentions que les enfants auprès desquels elle grandit. Mais en devenant une jeune femme, elle réalise qu'en dépit de tous ses accomplissements, jamais elle ne pourra vivre comme les autres, que sa couleur de peau la condamne à un abîme d'inégalités. Étant par ailleurs amoureuse du jeune homme de la maison, elle ne peut prétendre à en être aimée en retour. Accablée, détestant jusqu'à son reflet dans la glace, elle entre au couvent où elle dépérit jusqu'à en mourir.

Ce n'est qu'un an après ses premières lectures en cercle fermé que Claire de Duras accepte de faire imprimer son ouvrage, un petit tirage destiné à son cercle amical. Puis, un an plus tard, elle franchit un nouveau cap et fait paraître une édition publique sur laquelle elle ne fait pas figurer son nom. Elle s'en explique à une amie : « *Je ne conçois pas qu'on se soucie des éloges des gens qu'on ne connaît pas*[4]. » Ourika reste donc un ouvrage sans auteur. Très vite, le retentissement est tel qu'elle est dépassée par le succès. Les rééditions s'enchaînent, les acclamations venues d'Europe aussi. En Angleterre, comme le lui rapporte Chateaubriand qui s'y trouve alors en poste, en Allemagne, avec Goethe, fervent admirateur, tous succombent.

Elle s'enhardit avec un deuxième opus, *Édouard*. Ainsi qu'elle le confie à son « *cher frère* », elle est toujours aussi troublée par le fait même d'écrire. Elle ne « *sait ce qui (la) possède, un souffle, un lutin*[5] », tant elle ne se sent plus elle-même. Comme pour le ménager, elle ajoute avec prudence : « *Me voici femme-auteur, vous les détestez*[6]. » Une phrase qui traduit, outre l'avis de Chateaubriand sur les femmes de lettres, l'éternelle difficulté de Madame de Duras à assumer ce nouveau statut. Car cette fois, la couverture porte son nom. Là aussi dans son deuxième récit, elle traite d'une autre barrière insurmontable, celle de la distinction sociale entre un couple de différentes conditions.

---

4. Claire de Duras, Lettre à Rosalie de Constant, *op. cit.*
5. François-René de Chateaubriand, Delphine de Sabran Custine, Claire de Duras, *L'Amante et l'Amie, Lettres inédites, 1804-1828*, « Lettre à Chateaubriand, 24 novembre 1822 », Paris, Gallimard, 2017, coll. « NRF ».
6. *Ibid.*

Mais le troisième, intitulé *Olivier ou le Secret*, qui ose aborder le sujet de l'impuissance sexuelle d'un homme, due certainement à son attraction pour son propre sexe, ne quittera pas ses tiroirs. Les rumeurs colportées par certains de ses amis choqués par l'audace de son projet vont la décourager. Elle ne veut plus s'exposer. Le retentissement est déjà tel qu'il lui vaut un plagiat. Le faux auteur, un ami de Stendhal, a même l'aplomb de publier l'ouvrage avec une typographie et une couverture qui ressemblent à celles que Claire de Duras a utilisées jusque-là. Et il pousse le vice jusqu'à laisser le livre anonyme, de sorte que les lecteurs sont persuadés que c'est elle. Exactement ce qu'elle redoutait.

L'année suivante, Stendhal n'hésite pas à s'en inspirer pour son premier roman *Armance*, dans lequel un jeune homme pourtant amoureux de sa cousine, n'éprouve pas de désir pour elle. Que cache-t-il ? Stendhal ne le dit pas explicitement, mais chez lui aussi, on peut imaginer que le désarroi de son héros vient d'une homosexualité refoulée.

Malgré la brèche qu'elle venait d'ouvrir, Claire de Duras n'a pas pu suivre son chemin, elle qui écrivait à sa fille dans un « Cahier de conseils » : « *L'indépendance des idées est une chose que le monde ne pardonne point aux femmes*[7]. »

---

7. Claire de Duras, *Cahier de conseils et recommandations à sa fille Félicie avant son mariage*, manuscrit, 1813.

Un conte d'autrice

Jane Austen, alias By a Lady

> « *Si je suis un animal étrange, je n'y puis rien, ce n'est pas ma faute*[1]. »

Le grand secret de Jane Austen sera tenu jusqu'au bout. Ou presque. La jeune femme est catégorique, rien ne doit s'ébruiter. À Chawton, un village du Hampshire, dans le cottage où elle habite avec sa sœur et sa mère, elle se réfugie dans un coin en retrait de la salle à manger. Là, face à une fenêtre, elle s'assoit devant un guéridon sur lequel elle pose une écritoire en acajou qui abrite encriers, plumes et feuilles. Elle écrit sur des bouts de papier pliés et coupés, en forme de livrets, faciles à ranger ou à recouvrir d'un buvard au premier grincement de porte. Celle qui dépeint les éternels potins d'« *assommantes commères* » dans ses romans sait qu'elle doit se méfier de tout le monde, servantes ou visiteurs.

1. Cité in Kate Rague et Paul Rague, *Jane Austen*, Wikisource.

Elle n'a laissé aucune explication sur les raisons qui l'ont poussée à se taire. Si ce n'est que pour les femmes de la petite *gentry* rurale anglaise, il n'est pas bien vu d'attirer l'attention sur soi. L'idée même d'exercer une profession va à l'encontre des usages.

Mais elle a beau cacher ses productions, elle n'en est pas moins fière. Bien que ses premiers ouvrages ne trouvent pas preneur, la forçant à patienter une bonne dizaine d'années jusqu'à leur publication, la confiance dans son travail ne faiblit jamais. Pas plus que le plaisir qu'elle y trouve. Ses proches ont rapporté qu'un sourire se dessinait sur son visage dès qu'elle s'absorbait dans ses réflexions. Heureusement, elle peut s'appuyer sur sa famille. Chez les Austen, le goût des lettres n'est pas feint ; sa mère écrit de la poésie et son frère James versifie des pièces de théâtre qu'il a aimées – étudiant à Oxford, il a même créé un journal rédigé entièrement par ses soins. C'est d'abord le père qui, en 1797, envoie le premier manuscrit de Jane, hélas refusé, à un éditeur à Londres. En 1802, son frère Henry, établi dans la capitale, en propose un deuxième à Crosby & Co, qui l'accepte, tout en le gardant dans ses tiroirs en dépit d'une certaine somme versée. Enfin, en 1810, c'est encore Henry qui parvient à convaincre un nouvel éditeur, Thomas Egerton, de prendre *Raison et Sentiments* ; mais ce sera à compte d'auteur – les frais d'impression seront donc à la charge de « l'écrivaine » en cas d'échec.

Car sur la couverture est indiqué un laconique « *By a Lady* » en guise de nom. Le procédé n'est pas inédit, assez populaire au XVIIIe siècle, et déjà moins en vogue lorsque Jane s'en empare. Cette signature donne deux indications quasi contraires : à la fois un cadre socialement élevé du fait du mot « Lady », mais aussi une connotation peu positive, puisque l'appartenance au sexe féminin sous-entend un récit par définition frivole et bavard. Lorsque Jane Austen l'adopte, avec ce penchant pour le sarcasme dont elle ne cesse d'émailler ses pages, c'est aussi pour tordre le cou à ce genre de présupposé. En d'autres termes, de démontrer ce dont une « Lady » est capable. Et ainsi de reprendre la main sur son identité. Dans une lettre à sa sœur, elle reconnaît, toujours avec ce second degré très affûté : « *Je n'écris que pour la gloire et sans aucune intention d'en tirer profit*[2]. » Une technique habituelle chez elle que de brouiller les pistes en laissant les interprétations ouvertes.

En attendant, Egerton, le prudent éditeur, peut se frotter les mains. Grâce à de bonnes critiques et à un intérêt suivi des lecteurs, le premier tirage est épuisé en deux ans et Jane peut prétendre à des bénéfices. De plus, Egerton a déjà préempté le prochain, *Orgueil et Préjugés.* Cette fois, Jane pourrait se décider à rompre l'anonymat, mais, toujours réticente, a recours à cette autre solution : « *Par l'auteur de* Raison et Sentiments ». Un repère qui permet de suggérer au lecteur un univers familier sans en dévoiler davantage. Un ami de son frère, catégorique,

2. Lettre à Cassandra, 14-15 janvier 1798, in *Les Sautes d'humour de Jane Austen*, Dominique Enright, trad. fr. V. Buhl, Paris, Payot, 2014, coll. « Les sautes d'humour ».

soutient que ces ouvrages sont « *trop intelligents* » pour être de la main d'une femme. Une remarque caractéristique qui pourrait justifier à elle seule le désir de Jane de ne pas apparaître nommément. Le livre va être réédité la même année et recueillir de nombreuses réactions enthousiastes.

Dans ses deux livres, elle aborde des intrigues sentimentales autour de l'épineuse question du mariage entre des protagonistes de différentes classes sociales. *Raison et Sentiments* brosse le tableau de deux sœurs aux caractères opposés, dont la situation financière s'est détériorée ; *Orgueil et Préjugés* de plusieurs jeunes filles devant également composer entre leurs désirs et la réalité.

Le plus cocasse, pour l'écrivaine de l'ombre, c'est de prêter l'oreille à l'exaltation soudaine d'une voisine qui lui parle du dernier roman qu'elle vient de dévorer. Puis, après avoir réalisé qu'il s'agissait du sien, de s'interdire de réagir pour ne pas éveiller de soupçons. Rester impassible, curieuse, mais pas trop, sans se priver de cette imperceptible ironie dont elle fait preuve en toutes circonstances. Elle a même demandé à sa sœur Cassandra d'écrire aux membres de la famille qui ont le privilège d'être au courant pour leur rappeler de ne rien divulguer. L'une de ses nièces, qui n'est pas dans la confidence, lui parle un jour de *Raison et Sentiments* dont elle trouve le titre risible sans se douter un instant que sa tante en est l'auteure. En même temps, comme elle le fait dire à l'un de ses personnages, embarrassée d'être surprise un livre à la main : « *Ce n'est qu'un roman…* » Et la narratrice de poursuivre avec son humour mordant : « *En un mot, une œuvre où se manifestent les plus grands talents de l'esprit, où sont offerts au public dans une langue choisie, la connaissance la plus intime de la nature humaine*[3]... » L'art de résumer, l'air de rien, ce qui constitue l'essentiel à ses yeux.

Pourtant, à partir de cette date, et pour les quatre années qui lui restent à vivre, le silence sur son identité commence à être levé.

Henry, toujours lui, ne peut se contenir dès qu'il entend des commentaires élogieux sur sa romancière de sœur. Très fier d'elle, il s'en vante auprès d'un médecin appelé à son chevet qui n'est autre que celui du prince régent. Le futur George IV, sans doute l'un des premiers acheteurs d'*Orgueil et Préjugés*, lui fait alors parvenir ses félicitations par son bibliothécaire. De surcroît, il l'« autorise » à lui dédier l'un de ses prochains ouvrages ! Jane se voit contrainte d'obéir à cette injonction qui, en même temps, lui apporte une caution royale. Dans *Emma*, son dernier-né, la dédicace très emphatique annonce : « *Très respectueusement... par la zélée, dévouée et humble servante de Son Altesse royale.* » Signé : *L'Auteur.*

Avec le même bibliothécaire s'engage une correspondance à la fois lunaire et révélatrice une fois de plus du statut des écrivaines. Parce qu'il a affaire à une jeune femme, il est persuadé d'être en mesure de la conseiller dans l'écriture de ses romans à venir et lui propose de se pencher sur des sujets plus sérieux. Comme elle décline, il lui suggère de s'essayer à un opus historique. La seconde réponse de Jane est

3. Jane Austen, *Northanger Abbey*, Paris, 10/18, 1996.

un modèle du genre, à la fois honnête et malicieuse, tout en restant ferme. « *Non, je dois m'en tenir à mon propre style et continuer à ma façon ; et même si je ne devais plus jamais rencontrer le succès, je suis convaincue que j'échouerais lamentablement en empruntant toute autre voie*[4]. »

Une de ses ripostes, non destinée à la publication, va passer par ce qu'elle nomme le « *Plan d'un roman selon de petits conseils reçus de différentes sources* » où, avec une sérieuse dose de dérision et d'absurde, elle recense et joue avec les avis des uns et des autres sur son travail. La preuve a contrario qu'il ne faut jamais écouter qui que ce soit, sinon soi-même. Dans l'un de ses ouvrages posthumes, elle distille une réponse encore plus ciblée : « *Les hommes ont eu tout avantage sur nous en racontant leur propre version de l'histoire. L'éducation qui leur est réservée reste infiniment supérieure à la nôtre et la plume est toujours entre leurs mains*[5]. »

Après sa mort, son frère Henry et sa sœur Cassandra feront en sorte de publier ses derniers textes, *Northanger Abbey* et *Persuasion*, cette fois avec son nom. Plus de deux siècles après sa disparition, l'engouement pour son œuvre ne s'est jamais tari, comme en attestent les adaptations renouvelées au cinéma et ses déclinaisons multiples. Star absolue de la littérature

---

4. Jane Austen, cité in Virginia Woolf, *Jane Austen, Entre les lignes*, Toulouse, Gwen Catalá Éditeur, 2018, trad. fr. J.-Y. Cotté.

5. Jane Austen, *Persuasion*, Paris, Le Livre de Poche, 2022, éd. et trad. fr. F. Laroque.

anglaise, elle attire toujours autant de lecteurs. Elle qui ne voulait pas qu'on la surprenne à écrire devant son petit guéridon, avec quelle ironie contemplerait-elle ces milliers d'individus venus de partout pour se recueillir dans sa maison devenue aujourd'hui un musée.

Pas son genre

Mary Diana Dods, alias David Lindsay

« Ne vous alarmez pas de ce que vous avez vu, mon jeune ami[1]*... »*

La réalité dépasse toujours la fiction, un adage qui pourrait s'appliquer à la vie tristement romanesque de David Lindsay. Car, comme le rappelle son contemporain, Lord Byron, la vérité n'est-elle pas « *toujours étrange, plus étrange*[2] » ? David Lindsay, mais aussi Walter Sholto Douglas sont les deux noms d'emprunt d'une certaine Mary Diana Dods, trois patronymes pour une même personne dont on connaît peu l'œuvre aujourd'hui, mais qui reste dans les annales pour son amitié avec Mary Shelley. Or, il se trouve que la géniale romancière de *Frankenstein* n'a pas failli à sa réputation en imaginant pour Mary

1. Mary Diana Dods, *Tales of the Wild and the Wonderful*, [1867], Glasgow, Good Press, 2022.
2. Lord Byron, *Don Juan*, Paris, Gallimard, 2006, coll. « Folio classique », trad. fr. L. Bury.

Diana un autre avenir que celui qui semblait tracé d'avance par les conventions de son milieu. Un destin à la démesure de son fameux monstre de papier.

Mary Shelley, en digne fille de sa mère, Mary Wollstonecraft, l'une des pionnières anglaises de la philosophie féministe, ne recule jamais lorsqu'il s'agit de tendre la main à une femme dans l'embarras. Tout naturellement, elle vole au secours d'une de ses jeunes amies, malencontreusement tombée enceinte hors mariage, Isabella Robinson, une jeune fille de dix-sept ans séduite par un Américain qui a fui l'Angleterre en raison de ses dettes. Et c'est là où Mary élabore un incroyable scénario : sauver Isabella grâce à une autre de ses amies, Mary Diana Dods, une écrivaine qu'elle apprécie et qui signe sous un pseudonyme masculin. Le fait est que Dods, selon l'avis de certaines langues peu amènes, « *ressemble plus à un homme qu'à une femme... On a presque l'impression, en la voyant pour la première fois, que quelqu'un du sexe masculin s'est laissé aller à la fantaisie de porter des vêtements féminins, et que "Miss Dods" est un alias de Mr*[3] ». Elle revêt manifestement une allure curieuse pour les standards d'autrefois, mais peut-être a-t-elle aussi un corps « *contrefait* », affligé d'une difformité – nul ne sait laquelle.

Isabella et Mary Diana se connaissent et s'apprécient, la seconde n'étant pas insensible au charme

3. Les extraits des citations, sauf celles de Mary Diana Dods, proviennent d'Eliza Rennie, *Traits of Character; Being Twenty-Five Years' Literary and Personal Recollections, by a Contemporary*, London, Hurst and Blackett, 1860.

de l'ingénue. Mary Shelley entrevoit la solution parfaite : Dods ou Doddy, comme elle la surnomme, qui n'aurait rien contre se travestir en homme, pourrait se faire passer pour le mari d'Isabella et l'heureux père de leur enfant à venir. Une transgression inouïe pour les représentations si genrées d'alors.

Il faudrait donc que les deux femmes quittent le pays sans tarder, avant que la grossesse ne soit trop visible. Ensuite, Isabella pourra revenir avec son enfant et une histoire plausible. Quant à Mary Diana, elle profitera de cette opportunité pour se réinventer en tant qu'homme dans une nouvelle carrière – pourquoi pas la diplomatie.

Mary Shelley se charge de préparer leur départ, direction le continent, la capitale française leur apparaissant à toutes les trois comme un havre rêvé. Mais il leur faut des passeports. Elle envoie alors un acteur de ses amis, John Howard Payne, pour jouer le rôle de Doddy, version homme, et se présenter aux autorités, en compagnie d'une acolyte complaisante censée figurer sa femme. C'est ainsi que naissent sur le papier Mr et Mrs Walter Sholto Douglas. Pas de photo à l'époque, cela simplifie les démarches, mais Mary Shelley a aussi fait parvenir à John Howard Payne les vraies fausses signatures que le couple d'acteurs se chargera d'imiter pour déclarer ces nouvelles identités.

Le stratagème marche parfaitement. À Paris débarque un couple anglais, charmant, lui « *légèrement difforme, mais intelligent* », elle absolument ravissante, tous deux apparemment très épris l'un de l'autre. La preuve vivante que les mariages d'amour existent...

Revenons quelques instants en arrière. Ce nom de Sholto Douglas, à consonance écossaise, n'est pas complètement le fruit du hasard. Née en 1791, Mary Diana Dods est l'une des deux filles illégitimes d'un certain George Douglas, comte de Morton, pair à la Chambre des Lords, et dont l'aïeul portait le prénom de Sholto. Une manière pour la bâtarde qu'elle est de récupérer un héritage patronymique, non seulement de façon détournée en changeant de sexe, mais aussi comme un ultime pied de nez aux convenances de cette illustre lignée écossaise à laquelle elle n'a pas eu droit.

Mary Diana a grandi avec sa sœur à Londres, leur père finançant leur éducation, le plus loin possible du château familial. Toutes les deux sont supposées se marier au plus tôt afin qu'il ne les ait plus à sa charge. Sa sœur aînée épouse de son côté un capitaine de l'armée qui l'entraîne aux Indes dont elle reviendra veuve avec deux enfants. Mary Diana, peut-être en raison de son physique disgracieux ou de son caractère rebelle, reste célibataire. C'est ainsi qu'elle décide d'écrire afin de subvenir à ses propres besoins. L'érudite qu'elle est se choisit le nom d'un poète écossais du début du XVIe siècle – David Lindsay. Par ailleurs, elle maîtrise le français, l'allemand, l'italien, l'espagnol et le latin. « *Une grande linguiste* », comme on la décrit, qui possède une « *adresse extraordinaire* » pour la conversation « *sans pédanterie ni prétention* ».

Avec une amie, elle dirige à Londres une académie destinée aux jeunes filles afin de leur enseigner entre autres les langues et la musique. Elle soumet en même temps des textes à une revue littéraire réputée, *Blackwood's Magazine,* installée à Édimbourg. Les noms de plume sont suffisamment fréquents alors pour que l'éditeur, William Blackwood, lui confie dans une lettre qu'il n'est jamais certain du réel patronyme de ses auteurs et que, d'ailleurs, il ne cherche pas à en savoir plus. Au fil de leurs échanges épistolaires, il commence pourtant à apprécier son jeune interlocuteur qui, en retour, évoque ses éternels problèmes financiers. Convaincu par son talent, Blackwood lui propose de publier en 1821 certaines de ses pièces de théâtre au sein de la maison d'édition dont il s'occupe en plus de sa revue.

À son père, Mary Diana explique qu'elle est également critique littéraire, « *assez bien payée* » même, et que c'est la raison pour laquelle elle a choisi un pseudonyme « *de peur que les auteurs en colère dont* [*elle est*] *obligée de massacrer les œuvres ne* [*lui*] *renvoient le compliment et ne* [*la*] *massacrent à leur tour*[4] ». La crainte d'une revanche collégiale ne peut être la seule explication de sa nouvelle identité. Il faut plutôt y voir un refus d'être enfermée dans un nom – Dods – qui stigmatise le refus paternel de reconnaissance, et plus encore la volonté de quitter un genre qui l'emprisonne. Car toutes les descriptions

4. Cité in Betty T. Bennett, *Mary Diana Dods, A Gentleman and a Schlolar*, New York, William Morrow and Company, Inc, 1991.

d'elle en habits de femme convergent toujours sur ce même point, son physique ingrat : « *Il est certain que la nature, dans ses caprices les plus sauvages, n'a jamais rien façonné de plus grotesque que cette Miss Dods* », épingle méchamment cette écrivaine écossaise, Eliza Rennie, dans ses mémoires. « *Sa tenue vestimentaire, par sa singularité, s'accordait bien avec les anomalies de ses particularités physiques, et ne faisait que rehausser et exaspérer, pour ainsi dire, la bizarrerie de son ensemble*[5]. »

La première étape d'un nom de plume masculin a déjà permis à Mary Diana de dépasser son propre dédain pour les écrivaines contemporaines auxquelles elle ne veut pas se rallier – elle n'hésite pas à critiquer sévèrement l'une d'entre elles, « *faible* » parce que femme. Mais le cap ultime, s'habiller et vivre comme un homme, signifie qu'elle peut enfin se débarrasser de ce qui la fait tant souffrir : être assignée femme à la naissance dans un corps qu'elle rejette de toutes ses forces.

Sans compter que, malgré les promesses de son cher éditeur, les ventes de ses œuvres dramatiques restent très faibles. Si faibles que celui-ci commence à ne plus répondre aux lettres de son jeune auteur et à ne pas renouveler ses propositions de publications. Dans ces conditions, Paris apparaît comme un lieu où les cartes pourront être rebattues.

De fait, à leur arrivée, en octobre 1827, le couple convainc. La beauté de sa femme émerveille autant que la conversation brillante de Walter Sholto

5. *Ibid.*

Douglas. Il faut dire que la mode masculine de l'époque – chapeau haut-de-forme, veste queue-de-pie, chemises amples, cape – ne laisse rien deviner de son sexe.

Tous les deux naviguent dans une société très cultivée, notamment chez Mary Clarke, une Anglaise qui tient un salon très réputé grâce à Juliette Récamier qui l'a introduite à ses propres amis écrivains. Les Douglas y aperçoivent, entre autres, Stendhal, Victor Hugo ou le jeune Prosper Mérimée et quelques Anglo-Saxons dont le général La Fayette. Mary Shelley les rejoint à Paris en avril 1828 et, grâce à elle, ils ne cessent d'agrandir leur cercle d'amis.

Mais rapidement de petites dissonances surgissent – elles ne proviennent pas de Mr Douglas, mais plutôt de Mrs que beaucoup s'accordent à trouver trop coquette, pour ne pas dire aguicheuse. On l'aurait vue embrasser un homme tandis que son « mari » était dans la pièce adjacente ! Et quand elle ne badine pas avec ses nombreux admirateurs, Prosper Mérimée la décrit comme s'ennuyant à longueur de journée. On la dépeint aussi « *un peu vaniteuse et affectée* ». Leurs relations commencent peu à peu à leur tourner le dos.

Entretemps, Mary Diana/David/Walter n'arrive plus à écrire, pas plus qu'il ne parvient à s'assurer une place dans la vie diplomatique telle qu'il l'a rêvée. S'il était amoureux d'Isabella, la conduite inconséquente de cette dernière l'a certainement chagriné. Ajoutons à cela une santé toujours plus fragile – un foie malade – et, au vu de leur train de vie parisien, une insolvabilité croissante. Il ne peut échapper à la prison pour dettes, sans doute celle de Sainte-Pélagie, près du Jardin des Plantes.

La première chose qui le préoccupe en détention ?

Se procurer des postiches, moustaches et favoris, comme il en existait pour que les hommes au système pileux peu développé puissent suivre la mode. On comprend qu'il éprouve un besoin urgent de donner une touche plus virile à son visage face aux autres prisonniers. Sa trace se perd ensuite – il meurt vraisemblablement en 1829 ou en 1830 après son passage derrière les barreaux.

Rien de cette étrange affaire n'a été connu pendant près de cent cinquante ans. Jusqu'à ce qu'une universitaire[6], spécialiste de Mary Shelley, s'interroge sur les identités de certains de ses correspondants et mène une patiente enquête qui la conduira à percer cet inimaginable secret.

Quant à « leur » enfant à l'origine de toute cette intrigue, le nom de son « faux » père lui aura servi jusqu'à son mariage. Elle aura ensuite une fille, Adeline Kingscote qui, pour ne pas déparer la tradition familiale, prendra le pseudonyme masculin de Lucas Cleeve et écrira une soixantaine de livres.

---

6. *Ibid.*

La créature et la créatrice

Mary Shelley, alias anonyme

> *« Il est vrai que je répugne fortement à me mettre en avant par la plume*[1]. »

« *Tout à coup, à la lueur de la flamme vacillante, je vis la créature entrouvrir des yeux d'un jaune terne. Elle respira profondément, et ses membres furent agités d'un mouvements convulsif* », c'est ainsi que Victor Frankenstein décrit les premiers instants de « *l'hideuse progéniture* » qu'il a créée à partir de plusieurs cadavres humains[2]. Jamais le monstre n'aura de nom – le seul retenu par la postérité est celui du savant qui lui a donné vie.

Mary Shelley aura, quant à elle, toutes les peines du monde à imposer son patronyme en tant qu'écrivaine et à s'émanciper de ses propres figures tutélaires.

---

1. Mary Shelley in *Femmes artistes et écrivaines : dans l'ombre des grands hommes*, dir. Hélène Maurel-Indart, Paris, Classiques Garnier, 2019.
2. Mary Shelley, *Frankenstein ou le Prométhée moderne*, J'ai Lu, 1994.

Au tout début du XIXe siècle, en Angleterre, un tiers des livres paraît sans nom d'auteur mais, contrairement à la France, les femmes sont plus nombreuses à publier. À la suite de l'écrivaine Ann Radcliffe, elles s'engouffrent dans la mode du roman noir ou gothique, un genre qui privilégie les atmosphères inquiétantes, souvent surnaturelles, où se débattent de jeunes héroïnes au cœur pur. Une sorte de métaphore de leur enfermement dans une société patriarcale dans laquelle elles sont reléguées sans grande chance de pouvoir en sortir. Le livre de Mary Shelley, qui se place encore dans cette veine, jette pourtant les bases de la science-fiction à venir. En s'appuyant sur les dernières découvertes de physiciens concernant la transmission électrique, notamment sur des corps d'animaux disséqués[3], la jeune femme imagine ce qu'elle appelle une « *étincelle de vie* », capable d'« *animer la matière inerte*[4] ».

L'histoire qui a présidé à la genèse de ce chef-d'œuvre est mythique en elle-même et, à l'image de Frankenstein, a connu presque autant d'adaptations. En 1816, dans une villa au bord du lac Léman à Genève, pendant cet été sombre et orageux – on apprendra plus tard que le climat a été perturbé par l'éruption d'un volcan en Indonésie –, ses occupants sont plongés dans une obscurité continue où la lumière perce à peine au travers d'une pluie incessante. Sont

3. Les travaux de Galvani et l'invention de la pile voltaïque.
4. Mary Shelley, *Frankenstein ou le Prométhée moderne*, *op. cit.*

présents les deux poètes romantico-rebelles, Percy Shelley en compagnie de Mary Wollstonecraft Godwin, ainsi que Lord Byron et sa nouvelle élue qui se trouve être la demi-sœur par alliance de Mary. Les a rejoints également John Polidori, médecin et secrétaire de Byron.

Pour se distraire, le petit groupe discute des expériences scientifiques en vogue et lit à voix haute des contes fantastiques allemands, *Fantasmagoriana*[5], où sont évoqués fantômes, démons et autres spectres. Vin et opium alourdissent une ambiance déjà lugubre. Sur l'impulsion de Byron, chacun se lance dans un concours de récits effrayants. Ni Lord Byron ni Percy Shelley, les deux poètes reconnus, n'arrivent à rendre leur copie, mais ce sont les deux outsiders dont les surprenantes fictions seront immortalisées : Mary, âgée d'à peine dix-huit ans, en concevant son être monstrueux sorti d'outre-tombe, et John Polidori avec son vampire venu de la nuit éternelle.

Le manuscrit de Mary est envoyé à l'éditeur de Lord Byron qui le refuse. Celui de Percy Shelley ne le prend pas non plus. C'est enfin une maison plus spécialisée dans les ouvrages populaires, Lackington & Co, qui l'accepte sans savoir qui en est l'auteur. Shelley, qui discute des termes du contrat par courrier, a bien précisé que ce n'était pas lui et qu'il agissait pour le compte d'un ami. Il en rédige aussi la préface sans la signer. C'est ainsi que le livre paraît de

5. Les contes ont été traduits en 1812 d'après un livre allemand par Jean-Baptiste Benoît Eyriès, La Fresnaie-Fayel, Otrante, 2015.

manière anonyme en janvier 1818. Suite à son mariage avec Percy fin 1816 – sa première femme s'est tragiquement suicidée en leur laissant le champ libre –, Mary a récemment changé de nom et avoue avoir encore du mal à le porter. Le système dans lequel sont maintenues les femmes, considérées comme mineures, ne leur donne aucun statut juridique propre, si ce n'est de passer de l'autorité du père à celle du mari.

La dédicace à son père, William Godwin, attise les curiosités. Godwin, un philosophe aux idées libertaires, a réuni autour de lui une sorte de cercle de jeunes intellectuels et poètes, dont Percy Shelley est l'un des plus fervents membres. Se pourrait-il que ce dernier soit le mystérieux auteur derrière ce nouvel ouvrage ? Il a toujours fait preuve d'une production déconcertante, passant d'un roman gothique à des écrits révolutionnaires ou à de la poésie mystique. L'écrivain Walter Scott en est quant à lui persuadé et publie une critique louangeuse. Pas du goût de Mary qui lui répond en revendiquant la paternité et en expliquant son choix de l'anonymat : d'une part parce qu'elle est encore très jeune et aussi « par respect » pour ceux dont elle porte le nom. Voilà bien le nœud de toute l'affaire.

Sa mère Mary Wollstonecraft a perdu la vie onze jours après l'avoir mise au monde des suites de son accouchement. Personnalité forte et engagée, elle s'est rendue célèbre pour des essais sur l'éducation, en particulier pour sa *Défense des droits des femmes*, où elle a analysé l'inégalité de traitements subie par son sexe. La petite fille se sent coupable de la mort de sa mère. Et son père, William Godwin, fera peser de lourdes injonctions sur elle pour qu'elle s'emploie à suivre dignement les traces maternelles. Leurs deux noms sont à la mesure d'un héritage à la fois prestigieux et encombrant qui la pousse sans doute à fuguer avec Percy Shelley lorsqu'elle a dix-sept ans. Pas tout à fait une libération de l'emprise paternelle, car son compagnon l'incite lui aussi à s'illustrer par le biais de l'écriture. Finalement le défi de Byron va la mettre à pied d'œuvre.

En attendant, les cinq cents premiers exemplaires de *Frankenstein ou le Prométhée moderne* s'écoulent rapidement, bien que le livre soit vendu en trois volumes séparés et à un prix élevé. L'ensemble des critiques est très positif, même si l'une d'entre elles, qui semble avoir identifié Mary, se dit horrifiée qu'une jeune femme puisse avoir élaboré de telles monstruosités. Les spéculations vont encore bon train. Les noms de son mari ou de son père reviennent sans cesse. Ce n'est que cinq ans plus tard, lorsqu'une adaptation du roman va être jouée sur la scène londonienne, qu'une réédition verra le jour avec, cette fois, le nom de Mary Shelley sur la couverture. Car entretemps, la jeune femme est veuve – Percy s'est noyé l'année précédente –, elle veut donc rédiger elle-même la préface. L'occasion pour elle de tordre le cou aux rumeurs selon lesquelles son « enfant » de papier est né de la plume de son mari.

Cette appropriation tardive ne va pourtant pas durer.

Dans une nouvelle intitulée « La jeune fille invisible », elle décrit une figure fantomatique condamnée à errer la nuit après avoir été repoussée par le père de son aimé, une allégorie de sa propre situation. Car Sir Timothy Shelley, le père de Percy, qui lui consent une rente pour son petit-fils – le seul des quatre enfants qui ait survécu –, lui a formellement interdit d'utiliser son nom d'épouse pour ses ouvrages. Désormais, elle va donc signer ses livres « par l'auteur de Frankenstein ». Peut-être une nouvelle naissance qu'elle se donne à elle-même. Et que personne, cette fois, ne pourra lui contester.

Elle était une fois George

Aurore Dupin, alias George Sand

« Je suis un écrivain,
pas une femme qui écrit[1]. »

Une volonté farouche de se fabriquer un destin. De se réinventer comme un personnage de fiction. Et gagner ainsi sa postérité.

Flaubert a dit d'elle : « *Il fallait la connaître comme je l'ai connue pour savoir tout ce qu'il y a de féminin dans ce grand homme*[2]. »

Elle innove en optant pour un pseudonyme masculin, en portant le pantalon et en fumant le cigare. Mais par-dessus tout elle est déterminée à vivre de sa plume. Pendant plus de quarante ans, elle va écrire, sans répit, avec une discipline de fer. Et surtout la nuit. Plus de quatre-vingts romans et une

1. George Sand, *Histoire de ma vie*, Paris, Gallimard, 2004, coll. « Quarto ».

2. George Sand, Gustave Flaubert, *Correspondance*, Paris, Flammarion, 1989.

cinquantaine de recueils, de poésie ou de nouvelles, mais aussi des pièces de théâtre et quantité d'articles de presse. Auxquels il faut ajouter une correspondance, nourrie, avec ses amis, et non des moindres, comme Balzac ou Flaubert – pas moins de deux mille destinataires ayant été répertoriés. Son indépendance d'esprit et sa modernité nous inspirent encore aujourd'hui. S'il existe une écrivaine emblématique de toutes les autres, c'est bien elle.

« *Je suis la fille d'un patricien et d'une Bohémienne*[3] », c'est ainsi que George Sand se définit dans ses *Mémoires.* Par-delà son goût pour le romanesque, elle tient à révéler qu'elle est issue d'une double ascendance, à la fois aristocratique et populaire. Son arrière-grand-père du côté paternel n'est autre que le maréchal de Saxe, fils du roi de Pologne et fidèle de Louis XV. Ledit maréchal a eu une fille illégitime, Marie-Aurore. Laquelle va épouser un certain Louis Dupin de Francueil dont elle aura un seul fils, Maurice Dupin de Francueil, le père de l'écrivaine.

Jeune officier, celui-ci rencontre pendant la campagne d'Italie une certaine Sophie-Victoire Delaborde, âgée de cinq ans de plus que lui. Elle vit déjà avec un autre militaire qu'elle a suivi depuis la France. « *Au milieu de quels égarements*[4] », dira plus tard George en s'interrogeant sur les mœurs de sa mère. Sophie attend un enfant et, un mois avant sa naissance, en 1804, épouse Maurice. Il s'attire alors les

3. George Sand, *Histoire de ma vie*, *op. cit.*
4. *Ibid.*

foudres de sa mère qui, constatant que sa belle-fille est une orpheline issue d'un milieu très modeste, refuse cette mésalliance. Cependant, sur le registre de l'état civil, la petite fille est inscrite sous le nom d'Amantine-Aurore-Lucile Dupin.

La grand-mère va revenir à de meilleurs sentiments en découvrant sa petite-fille avec attendrissement. Mais elle continue de maintenir une distance avec sa bru, d'autant plus que son fils va mourir subitement, non pas au combat, mais d'une simple chute de cheval. Aurore, ainsi qu'on l'appelle, n'a que quatre ans. Son éducation sera prise en charge par sa grand-mère dans le domaine de Nohant, où elle s'est installée depuis une dizaine d'années. À l'unique condition que, Sophie, la jeune veuve, s'en reparte à Paris. Une curieuse transaction qui prive l'enfant de sa mère et la fait vivre auprès d'une vieille dame autoritaire, très pointilleuse sur ses privilèges nobiliaires.

Dans cette campagne berrichonne, l'enfant grandit pourtant librement, affublée d'une redingote et d'une casquette qui la font ressembler à un garçon. Elle court, saute, monte à cheval à califourchon et joue avec les petits paysans. Sa grand-mère voit sans doute en elle le fils qu'elle a perdu. Aurore suit les cours d'un précepteur strict, puis, à l'adolescence, passe par le couvent parisien des Dames augustines anglaises. Pendant ces deux ans, elle échappe aux influences de ses « deux mères » qui s'opposent sur tous les sujets la concernant.

De retour à Nohant, elle se met à lire avec frénésie, découvrant dans la vaste bibliothèque de sa grand-mère ce qui va former le socle de sa culture – en particulier les penseurs des Lumières. Après avoir hérité de Nohant, elle se marie à dix-huit ans avec le baron Casimir Dudevant, un sous-lieutenant, âgé de neuf années de plus qu'elle, fils lui aussi d'un père militaire et d'une femme du peuple. Huit années vont s'écouler, engluées dans la dépression et l'ennui, dans une grande solitude aussi, car elle ne partage rien avec Casimir, qui passe son temps à la chasse, quand il ne s'enivre pas ou ne la trompe pas avec les servantes. Elle va donner naissance à un fils, Maurice. Puis, délaissée, elle croise le chemin d'un jeune érudit local avec lequel elle a une aventure… et une fille, Solange, comme si elle n'avait pu échapper aux mêmes schémas familiaux. Par la suite, elle n'a jamais voulu trahir son secret.

À vingt-six ans, elle finit par exiger la séparation, mais ses propres biens appartiennent désormais à son époux. Car le code Napoléon a scellé le sort des femmes ; au sens juridique du terme, elles se trouvent au même niveau que les mineurs ou les fous. Entretemps, elle a rencontré un certain Jules Sandeau, de sept ans son cadet, qui étudie à Paris. Elle obtient de Casimir qu'il la laisse vivre dans la capitale six mois par an – ses enfants la rejoindront plus tard. Mais les moyens que celui-ci lui accorde étant limités, elle a besoin de gagner sa vie. Elle commence par écrire avec Jules Sandeau des articles payés à la ligne. Puis se lance, toujours avec lui, dans un roman, sous le pseudonyme commun de « J. Sand », une contraction du patronyme de Jules. Par souci d'économie, elle porte des vêtements d'homme parce qu'ils sont plus pratiques et moins coûteux, « *de moitié* » précise-t-elle. Avec sa redingote, un gilet, un pantalon, une cravate, des bottes et coiffée d'un chapeau gris, elle ressemble à un jeune étudiant qui peut battre le pavé à sa guise. Dans les cafés, les librairies, les théâtres, « *personne ne faisait attention à moi, et ne se doutait de mon déguisement*[5] ». Car les fins souliers et les robes longues des dames ont bien du mal à résister à la boue et aux détritus qui jonchent le sol, les trottoirs étant quasiment inexistants. Par ailleurs, leur présence dans l'espace public ne va jamais de soi puisque celles qui « flânent » peuvent vite passer pour des prostituées.

Plus tard, dans une pièce intitulée *Gabriel*, elle va imaginer l'histoire d'une jeune femme travestie en garçon depuis l'enfance, qui va devoir s'habiller en femme ; elle réalise à quel point enfiler corset, jupons et robe est contraignant, voire oppressant. « *Les femmes portent des tenues pour être vues, non pour voir le monde et s'en régaler*[6]. »

Le livre avec Sandeau ayant eu du succès, leur éditeur leur en demande un deuxième. Jules est loin de posséder l'incroyable énergie de sa compagne qui, en dehors de ses allers et retours à Nohant pour s'occuper de ses enfants, ne cesse de noircir du papier. En quelques mois, elle produit un long roman, *Indiana*, une critique des inégalités du mariage vues à travers

---

5. *Ibid.*
6. George Sand, *Gabriel*, Paris, Gallimard, 2019, coll. « Folio théâtre ».

le personnage d'une femme qui ne parvient pas à s'extirper des griffes tyranniques de son époux. Impressionné, Jules, qui n'en a pas écrit une ligne, insiste pour qu'elle le signe seule. Quand elle veut prendre un autre nom, leur éditeur, fort du succès du premier ouvrage, le lui déconseille vivement. Elle va donc garder « Sand » et opter pour le prénom George. Au début, elle signe encore « G. Sand ». Il faudra un an, à l'occasion de la publication du roman *Lélia*, avant que n'apparaisse pour la première fois « George Sand ».

De nombreuses spéculations ont couru sur ce choix. « George », selon son étymologie : lié au labour et au monde paysan, évoque pour elle sa terre berrichonne. Mais une autre piste peut être envisagée, ce qui expliquerait l'élision du *s*. Elle qui a appris l'anglais au couvent a sans doute voulu se référer au prénom tel qu'il est orthographié là-bas, et notamment à George Byron qu'elle affectionne.

C'est ainsi qu'elle vient au monde pour la seconde fois à vingt-huit ans. Elle n'est plus la fille ou la femme de. En outre, *Indiana* est un succès immédiat. Et avec lui surgissent autant de critiques et de caricatures. Elle est victime de ces nouveaux préjugés sur celles qu'on surnomme avec dédain les « *bas-bleus* », ou « *blue-stocking* ». Le terme, qui vient d'Angleterre, serait accolé à la femme de lettres Lady Montagu dont on disait qu'elle préférait les choses de l'esprit aux soins donnés à sa propre personne – la couleur bleue de ses bas symbolisant sa grande négligence, car une femme digne de ce nom ne pourrait en porter que des blancs. Ce persiflage, repris en boucle pendant tout le XIXe, va stigmatiser les femmes aux prétentions littéraires. On les préfère muses et inspiratrices. Et non rivales en écriture.

À la fois encensée et honnie, George devient l'égérie du romantisme. Elle se retrouve désormais, comme elle l'écrit dans une lettre à un ami, « *embarquée sur la mer orageuse de la littérature*[7] ». Il faut se représenter l'image de cette jeune femme en pantalon et aux cheveux courts dans la société d'antan. Lorsqu'elle déambulait dans les rues de Paris, habillée comme un jeune étudiant anonyme, c'était sans conséquence. Mais maintenant qu'elle est une écrivaine reconnue, elle risque de faire scandale. Elle brave la loi, puisqu'une ordonnance de 1800 interdit tout costume masculin aux femmes ; il faut demander une autorisation spéciale de « travestissement » à la Préfecture de police, et surtout affûter ses arguments, présenter un certificat médical à tout le moins, sous peine d'être arrêtée pour accoutrement illégal.

Lorsqu'en plus elle arbore un nom d'homme, fréquente un milieu d'artistes, et que ses liaisons flamboyantes sont de notoriété publique, le tableau est complet. D'autant que ses amours tumultueuses avec des célébrités comme Alfred de Musset, la légendaire actrice Marie Dorval ou plus tard Frédéric Chopin, font aussi couler beaucoup d'encre. De surcroît, sa liberté n'est pas encore acquise, car pour

---

7. George Sand, in Claire Greilsamer, Laurent Greilsamer, *Dictionnaire George Sand*, Lettre à Jules Boucoiran, Paris, 12 janvier 1831, Paris, Perrin, 2014.

négocier ses contrats d'auteur, il lui faut toujours passer par l'autorisation de son mari. Son divorce va être prononcé quatre ans après la parution d'*Indiana*, en 1836. Elle recouvre enfin la garde de ses enfants et récupère la jouissance de la propriété de Nohant.

Désormais, la littérature est son métier. « *Je sens que mon existence est désormais remplie. J'ai un but, une tâche, disons le mot,* une passion[8]. » Après ses premiers romans qui questionnent déjà l'ordre social, elle va prendre part à la révolution de 1848 en se chargeant pour Ledru-Rollin, alors ministre de l'Intérieur, des *Bulletins de la République*, les journaux officiels du gouvernement provisoire. Elle va notamment y publier une allocution destinée à sensibiliser le public sur le sort des femmes les plus démunies. De même, dans le journal qu'elle lance, *La Cause du peuple,* elle veut redéfinir les principes « *qui serviront de base à un nouvel ordre social*[9] », notamment sur l'égalité entre les êtres.

Elle va aussi se tourner vers des romans champêtres, dont *La Mare au diable, La Petite Fadette ou François le Champi* (l'histoire d'un enfant illégitime et abandonné, un sujet toujours vibrant pour elle). Autant d'ouvrages qui témoignent de sa réelle connaissance des traditions populaires, voire d'une certaine pratique du terrain, quasi ethnographique.

---

8. George Sand, Lettre du 4 mars 1831, *Dictionnaire George Sand, op. cit.*
9. George Sand, *La Cause du peuple*, BNF Gallica, avril 1848.

Et qui traduit une fois de plus son idéal de justice pour tous.

Vers la fin de sa vie, dans une lettre à Flaubert, elle avoue ne pas être dupe de sa propre postérité. Elle pense même qu'elle sera oubliée dans une cinquantaine d'années. Elle qui ne s'est « *jamais crue de premier ordre*[10] ». Coquetterie ? Modestie réelle ? Ou crainte, toujours, de s'insérer dans cet univers si masculin où elle est entrée par effraction ?

Un temps, son nom a été à l'origine d'un néologisme, le « george-sandisme ». Curieusement, plus à l'étranger qu'en France. Au départ, ce terme désignait une sorte d'idéalisme romantique, puis, par glissement sémantique, il est devenu un synonyme d'androgynie, une osmose inédite entre masculin et féminin.

Aujourd'hui, elle reste pour nous, tout simplement, George Sand.

---

10. George Sand, Gustave Flaubert, *Correspondance*, Lettre du 9 décembre 1872, *op. cit.*

La plume fantôme

Gabrielle Cisternes de Courtiras, alias comtesse Dash, alias Jacques Reynaud

« Je suis peu de chose par moi-même.
Aussi je parlerai très peu de moi[1]. »

Comtesse Dash, Jacques ou Louis Reynaud, Henri Desroches, ou parfois marquise de Vieux-Bois, combien de variations pour cette écrivaine de l'ombre qui, à force de se cacher derrière l'anonymat de ses nombreux pseudonymes, ne réussira jamais à être pleinement elle-même.

Au *Figaro*, pendant un an, entre 1858 et 1859, un certain Jacques Reynaud tient une nouvelle rubrique sur des écrivains et des musiciens, des cantatrices et des actrices du moment. Ses petits récits sur des figures contemporaines, dont on serait en droit d'attendre quelques indiscrétions croustillantes,

1. Comtesse Dash, *Mémoires des autres*, Paris, À La Librairie illustrée, 1896-1898.

restent plutôt bienveillants et élogieux, au lieu d'être grinçants et satiriques comme le journal en a l'habitude. Ils déclenchent un important courrier des lecteurs, curieux de leur auteur. Personne ne le connaît, or il paraît particulièrement informé et donne l'impression d'être proche de ces célébrités. Plus le mystère s'épaissit et plus la rubrique a du succès – une trentaine de portraits sera ainsi publiée. Mais si ce Jacques Reynaud existe, pourquoi ne se montre-t-il pas ? Sans doute s'agit-il d'un des collaborateurs du journal, mais lequel ? Toutes les précautions sont prises pour ne pas divulguer son identité. Parmi les hypothèses, Jacques Reynaud serait une femme. Ce que l'intéressé nie farouchement dans ses colonnes, comme si c'était une offense absolue. De fait, l'époque s'acharne contre tous ces « bas-bleus ». L'écrivain Barbey d'Aurevilly, dont la misogynie proclamée pulvérise tous les standards, les incrimine fréquemment. Il proclame que les femmes sont « *jalouses du génie des hommes* », elles qui n'en ont aucun, et que si elles se risquent en faisant « *métier et marchandise de littérature* », elles perdent les « *ménagements respectueux qu'on leur doit*[2]. » La virulence de ce genre de tirades suit la courbe croissante du nombre de femmes dont la présence est loin d'être encore tolérée dans les belles lettres. Mais la question sous-jacente se révèle plus insidieuse encore puisque, en dépit de la belle facture des portraits, l'attention portée sur leur auteur n'existe

2. Jules Barbey d'Aurevilly, *Les Œuvres et les hommes au XIXe siècle*, BNF Gallica, chap. V, 1878.

que parce qu'il se dérobe à la curiosité de ses lecteurs.

Vient enfin le jour où le fin mot de l'histoire est découvert. Et, malgré l'effet d'annonce, la déconvenue est unanime, car bien entendu, c'est... une femme. Pis, une écrivaine de seconde catégorie, la comtesse Dash, qui peine à s'extirper de cette place où elle est reléguée depuis des années. Ses productions, trop nombreuses pour être égales, lui ôtent une grande partie de sa légitimité. D'autant que, sans cesse à court d'argent, elle traîne une réputation de mercenaire de la plume. Si elle pensait renverser la tendance avec ces nouvelles chroniques grâce à l'intérêt qu'elles ont suscité, elle s'est trompée. Le charme a duré tant qu'elle n'a pas été nommée.

La comtesse est associée depuis plusieurs années avec Alexandre Dumas dont elle est l'un des gratte-papier avérés dans sa « fabrique » – celui-ci avait l'habitude de sous-traiter l'écriture de ses feuilletons et de ses livres. Elle contribue aussi au journal de l'écrivain, le *Mousquetaire*, où elle tient une chronique de la vie mondaine. Ce qui a au moins un rapport avec son titre de noblesse. Mais en réalité, elle n'est pas plus la comtesse Dash qu'elle n'est Jacques Reynaud ou ces autres pseudonymes utilisés selon les quotidiens. Dash vient par ailleurs d'une princesse de ses amies dont le chien s'appelait ainsi, selon le nom alors en vogue pour les animaux de compagnie !

Née Gabrielle Cisternes en 1804, d'une lignée bourgeoise, elle a voulu ajouter à son patronyme une nuance de noblesse et a choisi « de Courtiras », la région de la Loire où sa famille possède une terre. Le sang bleu arrive toutefois par son mariage avec le vicomte de Saint-Mars, capitaine au régiment des Dragons, mais leur alliance ne dure qu'une dizaine d'années. Séparée, elle se retrouve avec un fils, une vie à bâtir et... aucun moyen devant elle. Dans ses premiers romans, plutôt bien accueillis, elle déroule tambour battant de bouillonnantes intrigues où se croisent marquises, vicomtes, abbés et autres chevaliers durant le règne de Louis XIV ou pendant la période révolutionnaire. Très à son aise « *à la cour et dans les boudoirs*[3] » de l'aristocratie, elle brosse l'atmosphère brillante du siècle des Lumières. Et, au cœur de ces trames historico-fantaisistes, s'attarde sur les destins contrariés de ses héroïnes, mal aimées ou mal mariées.

Le plus notable chez elle est à la fois l'ardeur qu'elle met à écrire, et le gain inversement proportionnel qu'elle en retire. Ce foisonnement de livres, sans compter les journaux auxquels elle collabore, la cantonne dans des collections bon marché. La *serial* autrice qu'elle est devenue se voit soumise à de sévères tribulations éditoriales, quand ce ne sont pas des clauses de contrats injustifiées. Ses éditeurs n'ont aucun mal à lui imposer des changements drastiques de titres, de coupures, ou de recyclages indus de certains de ses récits, quand ils ne la spolient pas complètement. On sait qu'au moins quatre livres de l'éminent Alexandre Dumas sont de la

3. H. de Villemessant, *Mémoires d'un journaliste*, BNF Gallica, 1867.

main de la comtesse, qu'elle a cédés sans droit sur les ventes. En consentant à tout, elle est dépossédée de sa voix propre, comme de son nom. De là vient sans doute cette valse de pseudonymes, destinés au début à la dissimuler pour produire davantage, mais qui vont finir par l'occulter.

Le beau monde qu'elle aime tant chroniquer ne sera jamais tendre avec elle. Dans sa vie privée, elle-même a fait l'objet de rumeurs ; elle aurait forcément été la maîtresse d'Alexandre Dumas. Plus fou encore, elle aurait succombé au charme d'un prince moldave dont le père se serait opposé à leur union. Leurs péripéties rocambolesques vont ressembler à une histoire qu'elle aurait pu imaginer et dont les pistes touffues finissent par se brouiller.

Après tant d'années employées à survivre, la plume fantôme qu'elle est devenue se voit engluée dans le tourbillon de ses propres mystifications. Là où les écrivains, dans leurs dernières années, se penchent sur leur passé, elle ne peut même pas écrire ses propres souvenirs et, une fois encore, va devoir se résoudre à rédiger les *Mémoires des autres*[4].

4. Comtesse Dash, *Mémoires des autres*, *op. cit.*

Delphine ou l'esprit frappeur

Delphine de Girardin, alias vicomte Charles de Launay

« Une femme qui vit dans le monde ne doit pas écrire, puisqu'on ne lui permet de publier un livre qu'autant qu'il est parfaitement insignifiant[1]. »

Dès la première parution du journal *La Presse*, une chronique quotidienne en bas de page s'impose auprès du public. Elle est signée par un certain vicomte de Launay, un dandy à particule dont la faconde n'a d'égale que son exceptionnelle capacité à saisir l'air du temps avec juste ce qu'il faut d'humour et d'audace. Chaque jour, il s'amuse, s'enflamme ou s'exaspère ; rien ne lui échappe, ni les derniers événements ni les conversations du microcosme parisien, les petits détails cocasses comme les engouements de

1. Delphine de Girardin, préface à son roman *La Canne de Monsieur de Balzac*, Genève, Slatkine, 1986.

ses contemporains. On commente son billet du jour et on guette celui du lendemain.

Avant cet immense succès, il faut remonter dans le temps, lorsque ledit aristocrate n'était encore qu'une jeune fille surdouée, mais timide, dans l'ombre de sa mère, Sophie Gay, salonnière et écrivaine. Celle-ci a choisi de prénommer sa fille Delphine d'après le roman éponyme de Madame de Staël, paru deux ans avant sa naissance. Cet ouvrage au grand retentissement lui a valu les foudres de Napoléon, exaspéré par sa dénonciation du statut des femmes après la Révolution – le constat des belles promesses évanouies face au pouvoir confisqué à nouveau par les hommes. Sophie Gay prend alors fait et cause pour Madame de Staël en publiant dans un journal une lettre imaginaire où elle met en garde une jeune fille contre son époque, si peu réceptive aux idées progressistes.

La venue au monde en 1804 de la petite Delphine contient donc une charge symbolique, celle de sa condition malmenée, légalement et socialement considérée comme inférieure. Elle grandit à la fois avec l'impératif de transgresser les barrières de la société, mais aussi avec une idée précise des dangers qui peuvent en résulter. Sans doute est-ce la raison pour laquelle, précoce et douée, elle se tourne vers la poésie, un genre plus féminin, moins susceptible de déchaîner des réactions violentes. Très jeune, elle étonne par ses vers, qu'elle déclame dans les salons ou lors de séances d'improvisation poétique en témoignant d'une belle éloquence. Mais déjà pointent des critiques pas toujours tendres envers ce petit prodige aux boucles blondes, naïf et sincère, encouragé par sa mère.

À dix-sept ans, elle reçoit un prix de l'Académie française. À vingt ans, grâce à une longue dithyrambe où elle glorifie le couronnement de Charles X, lui est allouée une pension : elle sera la « Muse de la Patrie » ainsi qu'elle se nomme elle-même. Elle manque de peu d'épouser Alfred de Vigny, la mère de ce dernier jugeant la dot de sa future bru trop peu alléchante pour le génie de son fils. Ce raté lui vaut les moqueries de ses détracteurs, prêts à débusquer chez elle un éternel manque d'inspiration ou de talent. De fait, le poète qu'elle admire le plus, Lamartine, la trouve charmante, mais se dit assez peu convaincu par son agilité lyrique. Sa beauté est toujours plus mise en avant que sa pratique poétique. Une nouvelle déception. Avec son chant du cygne, intitulé *Napoline,* mélancolique et amer, elle décide de tourner la page de ces années de jeune virtuose.

Elle se marie en 1831 à un homme qui, quant à lui, ne manque pas tant que cela de moyens, mais bien de reconnaissance familiale. Émile de Girardin est un fils illégitime, déterminé à se faire une place dans la haute société et à se réapproprier le nom à particule que son père, un général d'Empire, lui a refusé. Le futur « Napoléon de la presse » a bâti sa fortune en fondant un journal après un autre. Son premier périodique, *Le Voleur* – est-ce un hasard ? –, a pour principe de reprendre sans autorisation des articles parus ailleurs. En 1836, il lance *La Presse* qu'il veut grand public et bon marché et, pour ce faire, casse les ententes collégiales entre quotidiens en baissant de moitié le prix de l'abonnement. Et ce n'est pas tout, il se débrouille pour y attirer des plumes célèbres. Comment est-ce possible ? En y introduisant de la publicité, et ce de façon croissante.

Delphine tente plusieurs incursions du côté de la fiction, des récits plutôt bien accueillis par les critiques, un pari risqué tant d'années après sa période poétique. Dans l'une de ses préfaces, qui ressemble davantage à un exercice d'humilité, elle dit écrire « *sans prétention* » et souhaite qu'on la « *traite sans conséquence* ». Elle qui ne « *se fait pas d'illusion* » publie « *sans se croire auteur pour cela*[2] ». Se dire écrivaine embarrasse toujours autant celles qui y prétendent.

Lorsque son mari lui propose une chronique régulière dans son journal, elle en imagine le principe sous forme de lettres qu'elle intitule « Courrier de Paris », et ainsi naît le vicomte de Launay.

Avec une grande liberté de ton, il commente les nouveautés de son époque, la mode, les courses, les spectacles, le théâtre ou l'arrivée de l'éclairage au gaz, mais croque aussi des portraits sur le vif d'individus croisés. Il se veut un simple observateur, sans « *aucun système, aucun parti, aucune école* », ce qui lui garantit un grand éclectisme. Un genre de sociologue ou, comme Delphine va le formuler plus tard, un *mémoriem*, un historien du présent. Pourquoi a-t-elle voulu endosser le costume d'un aristocrate, elle

2. Delphine de Girardin, *Le Lorgnon*, BNF Gallica, 1832.

qui est foncièrement libérale ? Ce clin d'œil à l'Ancien Régime lui permet d'user d'un double langage, de caricaturer la monarchie de Juillet et la politique de Louis-Philippe, bref le monde d'aujourd'hui au regard de celui d'hier. Ce cher vicomte se lamente à longueur de billets sur la prétendue évolution de la société, pour lui la marque d'une décadence avérée dont il préfère se gausser et s'indigner à loisir.

Son mari et patron, qui a pour habitude de réclamer une idée par jour à ses journalistes, n'en a pas besoin avec Madame le vicomte qui garde toujours des surprises et des anecdotes inédites dans sa besace. Elle n'utilise pas de pronom identifiable, mais un « on » ou un « nous » neutres. Son travestissement nobiliaire va durer une bonne année, puis finira par être éventé, ce qui ne l'empêchera pas de s'adresser à ses lecteurs de la même manière. Pour les satisfaire, une édition sous forme de livre, cette fois avec son vrai nom, et une sélection des meilleures lettres, voit le jour. Et par la suite, des versions plus complètes, jusqu'à quatre volumes, une anthologie avant l'heure !

En revanche, la découverte de sa vraie signature lui vaut des retours assassins de ceux qui s'estiment floués par son usurpation. Dès lors, comment garder ce nom de plume qui l'a rendue célèbre ? En persistant dans le registre frivole et mondain que ses lecteurs apprécient toujours autant. De temps en temps, elle se risque sur des sujets plus politiques, mais ne peut s'exprimer trop frontalement sans être attaquée en retour sur son identité de femme. Le vicomte de Launay peut railler les politiciens, mais pas Delphine de Girardin.

Comme sa mère autrefois, elle tient un salon où des noms célèbres se bousculent, dont ce cher Lamartine, mais aussi Balzac, Dumas, Madame d'Agoult qui va devenir Daniel Stern, ou Victor Hugo. La maîtresse cachée de celui-ci, Juliette Drouet, est l'une de ses lectrices les plus fidèles. Chaque jour, celle-ci attend fébrilement son exemplaire du *Courrier de Paris* qui résume pour elle ce qu'il ne faut pas rater dans la capitale.

Le pseudo-vicomte va maintenir son *Courrier* pendant douze bonnes années jusqu'à la révolution de février 1848. Entretemps, sous son vrai nom, Delphine va aussi se tourner vers le théâtre : pas moins de neuf pièces jouées à la Comédie-Française, à partir de 1843. L'une d'entre elles, *La Joie fait peur*, comédie en un acte, va battre tous les records. Il faut dire que son salon sert de premier relais, avec ensuite le journal de son mari qui offre un retentissement plus large encore. Elle ne s'aventure pas sur le politique – l'une de ses pièces qui parle du manque de déontologie des journalistes sera censurée à cet égard –, mais aborde des sujets qui concernent les rapports entre les sexes.

Sans doute se sait-elle malade et s'effraie-t-elle de sa mort prochaine – elle va souffrir d'un cancer pendant huit ans. C'est la raison pour laquelle elle se tourne aussi vers le spiritisme. Faire tourner les tables, frissonner devant ces irréelles manifestations de l'au-delà, sonder les profondeurs et entendre les morts, au-delà de la pratique en vogue, devient pour elle une nécessité.

Lors de son éloge funèbre, au lieu d'évoquer son empreinte laissée par ses pièces de théâtre et sa poésie, revient surtout le souvenir de l'inspiratrice qu'elle a été dans la presse, comme de sa grande beauté. On serait en droit aujourd'hui de se poser la question : le vicomte, brillant échotier mondain, a-t-il fait taire Delphine la poétesse ? Ou bien est-ce Mme de Girardin qui, en créant le fier Launay, a libéré la juste expression de son talent ?

L'étoile scandaleuse

Marie de Flavigny, comtesse d'Agoult, alias Daniel Stern

« Je ne peux pas disposer d'un nom qui ne m'appartient pas à moi seule[1]. »

Ingres l'a dessinée, Chopin et Berlioz lui ont dédié des œuvres, Balzac a transposé sa liaison dans un roman. En dépit de l'image flamboyante et romanesque de Marie d'Agoult, il faudrait plutôt se rapprocher de celle qu'elle a choisi de devenir : Daniel Stern.

Marie de Flavigny est née à Francfort-sur-le-Main en 1805. Son père le vicomte de Flavigny, descendant d'une noblesse ancienne, a été un page de la reine Marie-Antoinette. Comme tant d'autres nobles, il a dû partir en exil dès le début de la Révolution. Il rencontre sa mère en Allemagne issue d'une famille

1. Daniel Stern, *Mémoires, Souvenirs et Journaux de la comtesse d'Agoult*, Paris, Mercure de France, 2007.

de banquiers convertie au protestantisme. Dès le départ, la petite Marie va être tiraillée entre la France et l'Allemagne, entre l'univers protestant maternel et la tradition catholique paternelle. « *Je ne me suis jamais sentie, à bien dire, ni française ni allemande entièrement, mais comme à part, isolée, un peu étrangère, aussi bien dans le pays où j'ai vu le jour que dans celui où la destinée m'a fait vivre*[2] », explique-t-elle. La famille finit par rentrer en France lorsque Marie est encore enfant. Jeune fille, lors d'un séjour dans le pays de sa mère, elle a la chance d'être présentée à un homme âgé qui lui pose doucement la main sur la tête : l'immense poète Goethe ! Ce geste ressemble à une « promesse tutélaire » qu'elle n'oubliera jamais. À vingt-deux ans, elle se marie avec le comte Charles d'Agoult de quinze ans son aîné, premier écuyer de Madame Royale, qui apporte à sa jeune épouse un titre de dame d'honneur à la cour. De ce mari qui la laisse indifférente, elle a deux filles.

La jeune femme fréquente les salons mondains, dont celui de Madame de Duras où il est de bon ton d'apprécier les arts et lettres, et se montre particulièrement férue de musique. Un jour, la belle et distinguée aristocrate est frappée par l'apparition « *de la personne la plus extraordinaire* » qu'elle ait jamais vue. Grand, très mince, le visage inquiet, « *une physionomie puissante et souffrante* », comme l'incarnation d'un personnage de Lord Byron, Franz

2. Daniel Stern, *Mes Souvenirs, 1806-1833*, BNF Gallica, 1880, ainsi que pour les citations à venir.

Liszt, le prodige hongrois, entre dans sa vie. Elle qui a vécu jusque-là dans un monde de convention aussi triste que « *frivole et monotone* » est bouleversée. En un instant, celle qui est en général perçue comme froide et lointaine, sait que son âme va « *se perdre, s'abîmer dans la sienne* ». Liszt, qui a beaucoup voyagé et rencontré de nombreuses personnalités, dont Beethoven, mais aussi des têtes couronnées, la fascine immédiatement. Coup du destin, la perte tragique de l'une de ses petites filles va être l'élément déclencheur qui va la conduire à franchir le pas... pour s'enfuir avec le plus romantique des compositeurs.

Nourrie elle-même aux racines du *Sturm und Drang*, ce tempétueux mouvement allemand tourné vers la liberté et le désir, elle distingue en lui les mêmes aspirations. Elle a vingt-huit ans, lui six de moins. Fougueusement, éperdument, les deux amants vont vivre une passion tumultueuse, un amour scandaleux défiant la société.

C'est par lui qu'elle va faire la connaissance de George Sand et séjourner chez elle dans son domaine de Nohant. Avec seulement une année d'écart, les deux femmes ont plus en commun qu'elles ne l'imaginent. Toutes deux sont en rupture de ban avec leur famille, Marie parce qu'elle a tout quitté pour son bien-aimé, George parce qu'elle s'est séparée de son mari. Celle-ci ne le sait pas encore, mais comme Marie, elle va vivre une folle liaison avec un autre musicien de génie, Chopin. Et elle va jouer un rôle indispensable pour Marie d'Agoult : « *Vous avez envie d'écrire, eh bien ! écrivez !* » s'exclame-t-elle dans une forme d'encouragement qui va peut-être l'aider à se lancer. Malheureusement, leur belle amitié va s'étioler et tourner à la rivalité – George étant sans doute jalouse de sa relation avec Liszt.

Et l'histoire d'amour des deux fugitifs ne se termine pas mieux. Neuf années d'orages et de déchirements, pendant lesquelles Marie et Liszt vont voyager, vivre entre la Suisse et de nombreuses villes d'Italie, donner naissance à trois enfants, dont une Cosima qui, après un premier mariage avec un chef d'orchestre, deviendra la femme de Richard Wagner. Marie, qui accompagne l'ascension et les succès de Liszt, supporte en revanche difficilement d'être sa muse et cherche à s'en émanciper.

Après sa séparation, de retour à Paris, elle revoit l'une de ses grandes amies de jeunesse, Delphine de Girardin, qui la présente à de célèbres plumes, dont Lamartine, Théophile Gautier et Victor Hugo. Et c'est le mari de Delphine, Émile de Girardin, le puissant patron de *La Presse,* qui va devenir son mentor. Il l'incite à lui écrire un article et à le signer. Difficile pour celle qui a tant fait parler d'elle d'apposer le nom de son mari après le scandale de son aventure avec Liszt. Girardin lui propose alors de prendre un pseudonyme. Elle choisit le prénom d'un de ses enfants, Daniel, « *le nom du prophète sauvé de la fosse aux lions* », également capable selon la Bible, de lire les visions et les rêves. Et pour patronyme, en quête d'un mot allemand, elle hésite entre *wahr* (vrai) et *Stern* (étoile). Ce sera Daniel Stern.

Malgré le secret, sa signature masculine va vite être démasquée. À l'inverse de George Sand, son pseudonyme ne se veut pas une revendication, même si l'on sent à plusieurs reprises chez elle une critique de la prééminence des hommes dans les lettres.

Outre ses articles, elle publie des nouvelles dans *La Presse* qui explorent l'amour impossible, voire la malédiction inévitable subie par ceux qui pourtant se choisissent. Puis elle écrit un roman intitulé *Nelida* – l'anagramme de son fils Daniel – où elle arpente les dessous de son histoire avec Liszt, caricaturé comme un artiste égoïste, avide de réussite, incapable d'un regard à la hauteur des ambitions de sa compagne. Après un drame historique, d'autres nouvelles, elle abandonne finalement la fiction pour se tourner vers la philosophie. Et surtout l'histoire.

La révolution de 1848 est pour elle un nouveau basculement. Elle décide d'être l'observatrice de « *l'histoire contemporaine* » qu'elle aspire à écrire dans le sillage d'un Michelet – elle l'admire et le connaît. Son projet devra être scientifique et rigoureux, avec toute la distance nécessaire pour laisser la place aux seuls événements : fouiller, rassembler, examiner et analyser les faits par le biais de documents, interroger les protagonistes, ne laisser aucune ombre, tout en mettant de côté ses propres préjugés qui l'empêcheraient d'aller à la recherche de la « *vérité* ». Depuis sa jeunesse, elle a eu l'habitude de tenir dans des carnets la chronique de sa vie, mais aussi celle de son époque. Ces notes qu'elle continue de prendre donnent par ailleurs une valeur ajoutée à cet ample récit auquel elle s'attelle. Trois ans après les premiers mouvements révolutionnaires, elle fait paraître une *Histoire de la Révolution de 1848* en deux tomes, un travail monumental dont Flaubert va s'inspirer dans le cadre de ses journées de février dans *L'Éducation sentimentale.* Daniel Stern est bientôt reconnue comme une véritable historienne. Entretemps son salon ne désemplit pas, elle y attire l'élite de la vie politique, artistique et littéraire.

Or, en dépit de sa reconnaissance intellectuelle et sociale, elle se laisse souvent terrasser par de nombreuses crises d'abattement et de « *tristesse extrême* ». En 1869, elle succombe à un accès nerveux plus fort que les autres et se voit internée pour trouble mental. À soixante-trois ans, elle est retenue, comme le décrit sa fille, par une camisole de force, et cherche par tous les moyens à se cogner la tête contre les murs. Même si cet épisode est parmi l'un des plus sévères, il n'est pas isolé. Depuis des années, elle souffre de divers symptômes qui s'expriment par des obsessions, des anxiétés, jusqu'à de réels sentiments de persécution. Et comme toujours, après quelques semaines de repos, elle revient à elle-même et à son patient travail. Elle entreprend alors la rédaction de ses *Mémoires* qui restent inachevés et seront publiés de façon posthume.

Elle est parvenue à la fois à s'inscrire dans son temps et à retrouver une forme de reconnaissance sociale dont elle avait été complètement privée après sa fuite avec Liszt.

Pour l'anecdote, elle n'échappera pas plus que ses consœurs, George Sand, Delphine de Girardin et combien d'autres, à l'éternelle ironie de Barbey d'Aurevilly : « *Après George Sand, Daniel Stern ! Seulement doit-on dire Monsieur ou Madame Stern*[3] *!?* »

3. Jules Barbey d'Aurevilly, *Les Œuvres et les Hommes*, t. V, « Les bas-bleus », BNF Gallica.

Brontë divine(s)

Charlotte Brontë, alias Currer Bell
Emily Brontë, alias Ellis Bell
Anne Brontë, alias Acton Bell

« Nous avions le vague sentiment
que les femmes écrivaines étaient vues
avec prévention[1]. »

À Haworth, la rue principale monte vers un presbytère austère aux murs sombres, accolé à un cimetière dont la plupart des pierres tombales semblent pousser de guingois de la terre. Juste derrière s'ouvre à perte de vue une lande sauvage, recouverte de bruyères, de mousse et de fougères, où la brume se lève à peine dans la journée. Peu de soleil, beaucoup de pluie, des ombres chassées par le vent, un décor gothique à souhait, entre la grâce d'une nature intacte et une réalité plus maussade avec une fumée due à des usines dans

1. Citation de Charlotte Brontë, in Émile Montégut, « Miss Brontë, sa vie et ses œuvres », *Revue des Deux Mondes*, t. X, 1857, Wikisource.

la vallée. C'est ici, dans ce village du Yorkshire, au nord-est de l'Angleterre, que trois sœurs vont chacune produire un chef-d'œuvre, les célébrissimes *Jane Eyre*, *Les Hauts de Hurlevent*, et *La Recluse de Wildfell Hall* qui connaît aujourd'hui une juste notoriété. Personne ne sait à quoi elles occupent leur temps, à l'exception peut-être d'un commerçant qui s'étonne de leurs perpétuelles demandes de papier. Il ne peut entendre le crissement continu de leurs plumes ni voir leurs doigts tachés d'encre ou leurs visages absorbés. Mais ces trois jeunes femmes, si retirées du monde, vont créer un précédent avec leurs livres, et bel et bien ébranler certaines des convictions morales de la société victorienne.

Que pouvaient-elles espérer de l'avenir qui leur était réservé ? Un mariage ? Travailler comme gouvernantes, enseigner à d'autres jeunes filles ? Leur famille est marquée par le « *monde invisible*[2] » de leurs nombreux deuils et des esprits qui errent alentour. Car ici, on ne vit pas vieux. Leur mère est décédée quelques mois après la naissance d'Anne, laissant derrière elle cinq filles et un fils. Deux sœurs aînées, nées avant Charlotte, disparaissent, l'une à onze ans, l'autre à dix. Celles et celui qui restent ne le savent pas encore, mais le temps leur est compté. Emily ne vivra que jusqu'à trente ans, Anne vingt-neuf, quant à Charlotte, la seule à se marier, à peine plus épargnée, elle ne dépassera pas trente-neuf ans. Leur frère puîné, Branwell, va aussi se maintenir dans cette terrifiante moyenne et s'éteindre à trente et un ans. La tuberculose – ou consomption selon l'expression alors – est le fléau qui

2. Charlotte Brontë, *Jane Eyre*, Paris, Le Livre de Poche, 2001.

les emporte tous, auquel s'ajoutent pour Branwell les effets de l'alcoolisme et du laudanum. Seul leur père vivra jusqu'à quatre-vingt-quatre ans, une prouesse absolue pour l'époque et le lieu.

Dès l'enfance, les quatre rivalisent d'imagination. Une boîte de soldats en bois que reçoit Branwell est le point de départ de jeux effrénés et de récits extravagants. Ils s'amusent à recréer des royaumes fictifs avec des héros plongés dans de rocambolesques batailles militaires et politiques. Dans ces espaces inventés, ils bâtissent trois univers distincts avec chaque fois de nouvelles péripéties : *Glass Town* avec sa capitale Verdopolis pour le premier, ensuite *Gondal* et enfin *Angria*. La plupart du temps, ils procèdent en tandem : Charlotte avec Branwell, Emily avec Anne. Un terrain merveilleux où le quartette s'affronte, se divise, rit, redouble de verve, apprenant sans s'en rendre compte les règles du romanesque. Car ils rédigent leurs histoires ensemble, dans un paradis à la fois pluriel et clandestin. Leur plume court sur des milliers de pages qui entremêlent poèmes, drames, saynètes ou autres récits. « *Une manie du gribouillage* », comme le dira plus tard Charlotte.

Leurs sagas échevelées sont transposées sur de petits feuillets découpés de façon à être ensuite reliés dans de minuscules carnets d'environ 3,5 sur 6 centimètres – de la taille d'une boîte d'allumettes et de leurs figurines en bois[3]. Sur la page de garde de

3. Ces carnets ou petits livres existent encore, ils sont rassemblés sous le titre de « Juvenilia » et imitent une édition professionnelle. On peut les voir à la British Library à Londres.

l'un de ces minilivres, avec cet humour déjà si incroyablement présent pour son âge, Charlotte inscrit : « *Imprimé par elle-même. Vendu par personne* ». Cet atelier à huit mains forme la protohistoire de ce qui va les encourager, une fois adultes, à écrire une œuvre personnelle.

En effet, quelques années plus tard, Charlotte découvre par hasard, dans un cahier laissé ouvert par Emily, l'extraordinaire qualité des poèmes de sa cadette. Elle en est persuadée, il faut les publier. Pour convaincre sa sœur effarouchée par l'idée, elle propose de rassembler leurs productions dans une publication commune, et en un seul volume. Car Branwell, sans doute le plus brillant au début, n'est plus en état – terrassé par la dépression, l'alcoolisme et les convulsions d'épilepsie – de se lancer dans quoi que ce soit[4]. Elles ne veulent surtout pas lui parler de leur projet, ce serait un désaveu et le constat de son terrible déclin.

Même si leur père a publié plusieurs recueils de poésie et même un roman, oser franchir le pas en tant que femme reste impensable. Charlotte, qui a un jour demandé son opinion à un poète et éditeur, Robert Southey, a reçu une réponse catégorique, destinée à stopper ses ardeurs. Car comme il le lui a expliqué doctement, « *la littérature ne peut en aucun cas constituer l'occupation première d'une femme, et il est juste qu'il en aille ainsi* ». Ce à quoi elle a

4. Il voulait devenir peintre. On lui doit le seul portrait de groupe des trois sœurs.

très poliment répondu, avec une pointe de légère ironie, qu'elle s'efforçait « *de respecter tous les devoirs* » de son sexe, si ce n'est que : « *Le soir, je dois admettre que je pense, mais je ne dérange jamais personne avec mes réflexions*[5]. » Se lancer, s'exposer, être lu, même par un éditeur, ne va pas de soi. Et s'assumer comme écrivaine moins encore. Et si elles enfreignent cette consigne, elles savent qu'elles auront de grandes difficultés à sortir du lot et à être jugées à leur juste valeur.

En outre, Emily, très timide de nature, tient à se maintenir en retrait. Anne non plus n'a pas très envie d'apparaître. Seule solution, un nom d'emprunt, et, plus infaillible encore, un pseudonyme masculin. Après tout, elles ont l'habitude des jeux de rôles et des identités forgées de toutes pièces. Elles peuvent, comme elles l'ont fait tant de fois, se créer chacune un personnage. C'est ainsi que les trois sœurs se transforment en trois frères, chaque prénom devant respecter leur lettre initiale : Currer pour Charlotte, Ellis pour Emily et Acton pour Anne. Quant à Bell, le nouveau nom de famille, il renvoie sans doute aux cloches du presbytère[6] où officie leur père, à moins qu'il ne soit une contraction du prénom de leur frère B(ranw)ell. Les interprétations ont été nombreuses, parfois très fouillées. « Currer » pourrait venir d'une certaine Mrs Currer qu'a connue Charlotte et qui possédait une imposante bibliothèque. « Acton » de

5. Charlotte Brontë, Lettre du 16 mars 1837, in *Se construire avec patience*, Rome, L'Orma, 2021.

6. *Bell* veut dire cloche.

Eliza Acton, une poétesse du début du XIXe siècle. « Ellis » pourrait être l'abréviation pour Elizabeth, l'une de leurs petites sœurs disparue si jeune.

Pour commencer, il faut se contenter d'une édition à compte d'auteur. Charlotte se charge de tout et, sous la signature neutre de C. Brontë, se fait passer pour un intermédiaire de la fratrie. *Poèmes* de Currer, Ellis et Acton Bell sort en 1846. Quelques critiques positives se font entendre, mais deux exemplaires seulement seront achetés. Et pourtant, maintenant que les dés sont jetés, elles veulent continuer. Pourquoi pas un trio de nouvelles en un seul ouvrage ? Elles se mettent à l'œuvre, Anne finalise *Agnès Grey*, Emily *Les Hauts de Hurlevent* et Charlotte *Le Professeur*. Une fois de plus, c'est elle qui organise les envois, quitte à ce que, lorsqu'ils reviennent avec un refus, se servir du même papier d'emballage en barrant juste l'ancienne adresse pour inscrire la nouvelle : une manière pour le prochain éditeur de savoir que le précieux paquet a fait le tour de tous ses rivaux, comme un étrange palimpseste de rebuffades.

Les manuscrits de ses sœurs sont finalement acceptés par un éditeur londonien, T. C. Newby. Mais le sien reste à la traîne sans trouver preneur. Un éditeur plus attentif que les autres lui conseille de se mettre à un autre récit, il aime bien son style, un peu moins le sujet. Pendant toute cette période, le secret continue d'être bien gardé. Charlotte ne se décourage pas et travaille d'arrache-pied à une nouvelle histoire, ce sera *Jane Eyre,* qu'elle achève en quelques semaines à peine. Elle a l'audace de le renvoyer à son dernier interlocuteur de chez Smith, Elder & Co, avec un mot dont la détermination l'emporte sur l'effronterie : « *Vous avez tort de croire qu'il est absolument nécessaire qu'une héroïne de roman soit belle pour être intéressante. Je vous prouverai que vous avez tort ; je vous montrerai qu'une héroïne aussi petite et aussi laide que la mienne sera plus intéressante qu'aucune des vôtres*[7]. »

Elle ne s'est pas trompée, cette fois son ouvrage est immédiatement pris. La parution suit très vite, en octobre 1847. Et, comme dans un conte merveilleux, l'attention est immédiate, ce qui indirectement pousse l'éditeur de ses deux sœurs, jusque-là peu pressé, à accélérer la cadence et à sortir leurs livres deux mois plus tard.

Tout à coup, *Jane Eyre* enflamme les esprits. Et son auteur tout autant. Qui peut être ce Currer Bell ? D'où sort-il ? Son nom paraît d'autant plus étrange que deux autres romans portent le même nom, mais avec des prénoms différents, Ellis et Acton. Cela ne peut être un hasard. Est-ce le même qui s'amuse et signe selon ses humeurs ? Une maison d'édition américaine en est si certaine qu'en annonçant la sortie du roman du dénommé Acton Bell, une mention précise qu'il s'agit de l'auteur de *Jane Eyre*. La rumeur enfle tant qu'elle va forcer les sœurs à réagir. Pour prouver qu'elles sont bien trois personnes distinctes, quitte à révéler qui elles sont, Charlotte

7. In Émile Montégut, « Miss Brontë, sa vie et ses œuvres », *op. cit.*

convainc Anne de partir avec elle à Londres – Emily refuse toujours de se montrer.

En juillet 1818, deux jeunes femmes très intimidées frappent à la porte de l'éditeur de *Jane Eyre.* L'une d'entre elles tend une lettre qu'elle a reçue à l'intention de M. Acton, Currer et Ellis Bell. Elle se présente et lève le voile sur leurs vrais noms. Une fois sa surprise passée, l'éditeur veut les introduire en société, mais la sage Charlotte refuse. Elle ne souhaite pas que sa sœur et elles deviennent un « *spectacle* », et surtout pas qu'on puisse les relier à leurs pseudonymes. Entretemps, elle a aussi avoué à leur père ce qu'elles ont réussi à faire : il ne se doutait de rien, même s'il a entendu parler des livres des frères Bell.

Et la vie reprend son cours. Ou plutôt elle s'arrête. D'abord pour Branwell et Emily la même année. Puis pour Anne, qui aura au moins réussi à écrire un second livre, *La Recluse de Wildfell Hall,* l'histoire d'une femme qui quitte son foyer en raison de la violence imposée par son mari. Un tabou qu'elle brise alors qu'il est impossible pour les épouses de dénoncer leur situation conjugale, aussi désastreuse soit-elle. De même, *Les Hauts de Hurlevent* d'Emily sont dénigrés pour les sentiments qu'expriment les personnages, ressentis comme trop ardents. Charlotte avec son dernier roman, *Shirley,* brosse un portrait de femmes réduites à des rôles stéréotypés dans un monde d'hommes.

Toutes les trois auront été à l'origine d'œuvres majeures qui ont ébloui des générations entières de lecteurs, et entraîné un nombre incalculable d'adaptations. Leurs génies ont brisé les cadres imposés et su transcender les douloureuses épreuves de leurs vies. Plus encore, leur subterfuge a montré dans quels carcans moraux étaient tenues les femmes de leur époque. Comme Charlotte a pris la peine de l'expliquer dans une de ses lettres : « *Je voudrais que vous ne songiez pas à moi comme à une femme ; je voudrais que tous les critiques se figurent "Currer Bell" comme un homme – ils le traiteraient avec plus d'équité*[8]. »

---

8. Charlotte Brontë, Lettre à G. H. Lewes, 1849, in *Lettres choisies*, Paris, Quai Voltaire, 2017.

The English George

Mary Anne Evans, alias George Eliot

« Il y a six ans que j'ai cessé
d'être Miss Evans, et je désire
que ce soit distinctement connu[1]. »

« Ma George Eliot ! » s'écrie sa contemporaine, la poétesse américaine, Emily Dickinson, dont elle a même accroché un portrait dans sa chambre. Proust, quant à lui, ne peut pas la lire sans pleurer d'émotion. Henry James et Charles Dickens l'admirent sans réserve. Virginia Woolf loue son extraordinaire liberté. Sa notoriété est immense. Pourtant, en France, elle est oubliée et le reste jusqu'à aujourd'hui. Elle peine à être cette « autre George », selon la formule de l'historienne Mona Ozouf, qui la replace dans le sillage de son aînée, George Sand. Même si les deux femmes peuvent se différencier sur un certain nombre de points, leur rapprochement est

1. George Eliot, cité in Mona Ozouf, *L'Autre George*, Paris, Gallimard, 2018, coll. « NRF ».

inévitable, ne serait-ce que par le prénom de leur pseudonyme. Et si la romancière anglaise s'est fixée sur celui-ci, c'est peut-être aussi grâce à sa consœur outre-Manche qui l'a précédée.

Mais la transformation de Mary Anne Evans en George Eliot ne se fait pas avant qu'elle ait trente-sept ans. Avant, elle a dû s'affranchir des pesantes conventions de la société victorienne. Cadette d'une fratrie de cinq enfants, elle naît au cœur de la campagne anglaise, dans les Midlands de l'Ouest, où son père est administrateur de domaines. Mary Anne a tout juste seize ans lorsque sa mère est emportée par un cancer. Elle a pu auparavant mener de brillantes études, qu'elle ne cesse de compléter grâce à d'insatiables lectures. Précoce et extrêmement douée, elle parvient en outre à maîtriser plusieurs langues étrangères. Sa première rupture passe par le rejet de la foi, suivi par le refus symbolique d'accompagner son père à l'église. Si elle peut mettre ainsi l'orthodoxie chrétienne à distance, c'est en partie grâce à la fréquentation d'un couple, les Bray, auxquels elle se lie d'amitié à Coventry. Charles Bray, un riche fabriquant de rubans, et sa femme, Caroline Bray, autrice de livres pour enfants, ont créé dans leur résidence de Rosehill un cercle aux idées progressistes, à la fois politiques et religieuses, fréquenté par de nombreux intellectuels.

Par leur entremise, Mary Anne se lance dans un travail titanesque de deux ans : la traduction d'un pavé allemand de mille cinq cents pages sur la vie de Jésus. Un ouvrage subversif qui désacralise les Écritures en contestant l'histoire évangélique telle qu'elle a été habituellement racontée. Le livre est publié par la maison Chapman & Hall à Londres, réputée pour ses auteurs dissidents et libres-penseurs. Toutefois, son nom en tant que traductrice n'est pas cité.

À trente ans, après la mort de son père, elle commence par voyager et passe quelque temps à Genève. À son retour, impressionné par ses aptitudes exceptionnelles, l'éditeur John Chapman lui propose de rédiger des critiques pour la section littéraire de la *Westminster Review*, qui se veut alors un vecteur de démocratisation de la culture. Créé à l'origine par le philosophe Jeremy Bentham, le trimestriel est dirigé ensuite par John Stuart Mill avant que Chapman ne le reprenne à son tour. Elle devient donc une collaboratrice régulière en tant qu'éditrice-assistante de la revue. Entretemps elle s'attelle à une nouvelle traduction, cette fois d'un ouvrage de Ludwig Feuerbach, une autre critique philosophique sur la religion. Enfin, elle a droit à la mention de son nom. Elle a changé l'orthographe de son prénom en Marian, après une première phase où elle enlève un *e* à Mary Ann.

Elle emménage à Londres dans la maison du même Chapman où il a installé ses bureaux et une pension pour certains de ses collaborateurs proches. Mais si relation trouble il y a, elle est compliquée par le ménage à trois dans lequel Chapman navigue déjà, entre sa femme et la gouvernante de ses enfants. Puis Marian connaît un autre revers avec le philosophe Herbert Spencer dont elle s'éprend sans espoir. Son manque de beauté en est apparemment la cause

– un écueil insurmontable pour lui. Henry James va plus tard dire d'elle qu'elle est « *magnifiquement laide et délicieusement hideuse*[2] ». Les commentaires sur son soi-disant physique ingrat renvoient indirectement à la question du mariage, auquel est censée aspirer toute femme selon les normes en vigueur.

Après ces premières tribulations, dans ce cercle d'intellectuels, elle rencontre celui grâce auquel elle va opérer sa seconde rupture avec la société, George Henry Lewes. Cet homme étonnant aux talents multiples est à la fois philosophe, critique littéraire, homme de théâtre, mais aussi biologiste et passionné de zoologie. Lui non plus n'est pas connu pour la beauté de ses traits, elle le décrit comme un « *Mirabeau miniature* » car, comme le révolutionnaire français, son visage est grêlé. Mais il est vif, drôle, doté d'un esprit virevoltant et d'une formidable culture. Il est séparé de sa femme avec laquelle il a eu quatre enfants. Là où le bât blesse, c'est qu'il a reconnu un fils que sa femme a eu avec un autre. Autant dire qu'aux yeux de la loi, il n'est pas considéré comme tolérant, mais comme complice d'un adultère qu'il a cautionné. Il ne peut donc pas divorcer. Mais Marian n'hésite pas un instant : ils s'installent ensemble et vont former un couple uni pendant vingt-cinq ans.

Avec lui, son âme sœur, parfaitement complémentaire à son cœur, elle brave les condamnations sans appel de sa famille et des valeurs victoriennes de respectabilité. Car leur alliance sentimentale se

2. *Ibid.*

solde par une rupture définitive avec ses proches, comme son frère, qui ne peut accepter ce déshonneur, mais aussi avec la société dont elle est aussitôt exclue. Frappée du sceau de l'infamie, elle n'est plus invitée ni reçue. Cela va si loin que ses amies, celles qui se risqueraient encore à la fréquenter, peuvent voir leur propre réputation ternie. Marian doit ravaler au quotidien l'affreuse humiliation de se sentir déchue. En revanche, même s'ils vivent en union libre, elle tient à ce qu'on l'appelle Mrs Lewes. Une manière de renvoyer dos à dos l'absurde situation à laquelle on la contraint.

En dépit de ce contexte éprouvant, le couple avance, engagé dans ce qu'elle appelle une « *condition siamoise*[3] », une égalité complète entre eux deux. Ils écrivent chacun de leur côté, s'entraident. Le soir, ils se font la lecture à voix haute. Sans doute n'est-ce pas un hasard si son œuvre s'épanouit pendant ces années de soutien mutuel. Après avoir traduit *L'Éthique* de Spinoza – la toute première femme à s'être aventurée dans ce domaine –, elle se décide à aborder la fiction et s'attelle à une nouvelle. Lorsqu'il la découvre, Lewes, très enthousiaste, l'envoie à un éditeur en expliquant qu'il agit pour le compte d'un ami qui veut rester anonyme. À tout le moins, derrière un nom d'emprunt : George Eliot. Car c'est le prénom de son compagnon, George, qui s'impose lorsqu'elle se décide à prendre un pseudonyme. Un pacte secret entre eux. Deux êtres semblables, main dans la main, pour affronter l'adversité.

3. *Ibid.*

En 1857, cette première nouvelle est publiée dans le *Blackwood Magazine*. Puis, deux autres vont s'ajouter et paraître sous le titre *Scènes de la vie du clergé*. À peine un an plus tard, suit le roman *Adam Bede*, un best-seller immédiat, avec huit rééditions dans la même année. Même la reine Victoria, conquise, le loue dans son entourage.

Tout le monde s'interroge sur l'identité de l'auteur. Un pasteur ? Une femme de pasteur ? Dickens, le premier, subodore qu'il pourrait s'agir d'une écriture féminine. Les rumeurs vont bon train. Chapman, de son côté, n'a pu s'empêcher de dévoiler qui est le mystérieux auteur. George Eliot en est d'autant plus contrariée que la raison majeure de son pseudonyme était justement de préserver sa véritable identité, puisqu'elle est *persona non grata*. Son nom de plume est pour elle la seule garantie d'être lue hors jugement et scandale.

Une fois le secret éventé, s'élèvent soudain des critiques sur la trop grande profusion de sentiments dans son roman. Un « travers » généralement imputé à l'écriture féminine. De nature timide et réservée, George Eliot est réellement affectée par ces attaques. Heureusement, Lewes filtre ce qu'elle doit lire ou ne pas lire, et l'encourage à poursuivre. Son prochain roman, *Le Moulin sur la Floss*, confirme son premier succès. Puis, en 1874, *Middlemarch*, une étude à la fois psychologique et sociale d'une ville en province qui donne son titre à son récit et sera peut-être le plus célèbre de ses ouvrages. Comme souvent, il lui importe de décrire les destinées humaines au sein de l'histoire et de la société, selon le positivisme d'Auguste Comte qui lui est cher.

Le couple se réinsère petit à petit dans la société. Peu de temps somme toute avant que George Lewes ne meure en 1878, la laissant désemparée à seulement cinquante-neuf ans. Deux années plus tard, George Eliot épouse un homme de vingt ans de moins qu'elle, John Walter Cross, un banquier qui s'occupe depuis longtemps de ses finances. Ils partent en lune de miel à Venise, où le jeune marié s'effondre nerveusement. Selon certaines rumeurs, il aurait sauté du balcon de leur hôtel dans le Grand Canal, puis été repêché par des gondoliers. On a également prétendu qu'il avait supplié ses sauveurs de le laisser mourir. S'il est confirmé que son état mental était fragile, le reste est moins sûr. Quoi qu'il en soit, leur mariage sera de courte durée. Sept mois plus tard, elle meurt d'insuffisance rénale à soixante et un ans.

En dépit de sa renommée, elle ne sera pas enterrée dans le *Poet's Corner* au cœur de l'abbaye de Westminster, comme l'a été Dickens. Trop libre, trop scandaleuse.

Crimes et sentiments

Louisa May Alcott, alias A. M. Barnard

« Je sais écrire et je le prouverai[1] *! »*

Comment l'écrivaine des *Quatre Filles du Docteur March*, qui a conquis le cœur des jeunes lectrices du monde entier avec son roman culte, a-t-elle pu écrire en même temps de sensationnels et sanglants thrillers sans que personne ne remonte jusqu'à elle ? C'est ce qu'a réussi Louisa May Alcott grâce à la création de son avatar, A. M. Barnard.

Née en Pennsylvanie en 1832, puis venue dans le Massachusetts avec sa famille qui a déménagé près d'une trentaine de fois, Louisa May a grandi dans un milieu fantasque. Son père et sa mère appartiennent au mouvement transcendantaliste issu de la Nouvelle-Angleterre, une version américaine d'un certain romantisme spirituel. Cette doctrine qui met en avant un travail de réflexion et d'engagement

1. Louisa May Alcott, janvier 1862, *Life, Letters and Journals*, New York, Gramercy Books, 1995.

personnels, prône une foi absolue dans la bonté inhérente de l'humain et de la nature, loin de toute corruption de la société. La famille est très liée avec d'importantes figures intellectuelles, les philosophes et poètes Ralph Waldo Emerson et Henry David Thoreau, deux mentors pour la petite fille qui aura souvent l'occasion d'échanger avec eux lors de longues promenades en forêt. Dans ces paysages bucoliques, Thoreau lui montre comment reconnaître des baies comestibles, mais aussi la direction du vent, les traces laissées par des loutres ou d'anciennes pistes d'Indiens. Elle croit voir une toile d'araignée, il lui raconte qu'une fée a laissé tomber son mouchoir de dentelle et mille autres contes merveilleux. En plus de ces découvertes enchantées au sein de la nature, elle a également accès aux nombreux livres de leurs bibliothèques respectives. Sa famille soutient en outre activement le combat abolitioniste, n'hésitant jamais, malgré le danger encouru, à cacher des esclaves en fuite.

Mais au sein de cette enfance singulière plane une vraie menace, leur pauvreté croissante, car les nobles entreprises de leur père échouent les unes après les autres. Il monte une communauté végétarienne aux principes ultrarestrictifs, puis a contrario une école fondée sur les principes d'une pédagogie bienveillante et surtout sans discipline. Autant dire deux projets précurseurs pour l'époque. Ce réformateur et utopiste, qui croit aussi bien à l'enrichissement intellectuel qu'aux liens fraternels, se heurte sans cesse à la triste réalité, peinant à subvenir aux besoins matériels de ses enfants. Sa femme, qui l'a très vite compris, se retrousse les manches, comme ses filles, les unes après les autres. Louisa May, la deuxième, fait ce qu'elle peut, entre enseignement, couture et ménage là où on l'embauche. En revanche, elle est toujours encouragée à la maison dans ses projets d'écriture, comme en témoignent ces petites pièces de théâtre imaginées avec ses sœurs. À seize ans, elle écrit des fables sur les fleurs et les oiseaux pour la fille de Ralph Waldo Emerson.

Au-delà du profil peu commun de sa famille, les apprentissages de Louisa May passent aussi par les affres de la guerre de Sécession. Jeune femme, elle s'engage courageusement comme infirmière et en revient avec une triste expérience qu'elle va raconter dans ses *Chroniques d'hôpital* (1863). Elle n'échappe malheureusement pas à la fièvre typhoïde. Le traitement à base de calomel ou sel de mercure – ensuite banni – va se révéler pire que le mal. Seules alternatives pour supporter les graves effets secondaires, l'opium et la morphine qu'elle va devoir prendre jusqu'à la fin de sa vie.

Entretemps, elle a commencé à écrire pour des revues prestigieuses comme *The Atlantic Monthly*, mais aussi dans un grand nombre de périodiques moins nobles, où elle propose ce qu'on appelle alors en Amérique des « *Blood and Thunder* » – ou « *Penny dreadful* » en Angleterre –, c'est-à-dire des histoires à sensation, souvent inspirées de faits divers, les ancêtres des « *Pulp Fiction* ». Elle les envoie aux rédactions, soit de manière anonyme, soit sous le pseudonyme de A. M. Barnard dont les deux initiales laissent croire à un prénom masculin. Barnard vient sans doute du nom d'un ami proche de son père, un maître d'école. Ces thrillers d'inspiration gothique, emplis de crimes, de suicides, d'amours interdites, de manipulations ou de vengeances se déploient dans les méandres de mélos aussi tourmentés que flamboyants. Les femmes y sont en général les victimes d'hommes mal intentionnés dont elles tentent de se libérer. Contrairement à la tradition du roman noir anglais, avec ses labyrinthes tortueux et ses châteaux hantés, censés figurer les différentes étapes de leurs initiations, ses récits privilégient des lieux plus surprenants, comme des villes d'Europe à la mode, ou des cabinets de savants et, plus étrangement encore, des asiles d'aliénés. Dans l'un d'entre eux, intitulé *Derrière le masque,* elle dépeint les ruses de son héroïne qui cherche à tromper la haute société dans laquelle elle a réussi à s'introduire pour s'assurer un meilleur avenir. Le reflet de sa propre vie ?

Dès le début, ces publications lui permettent d'aider matériellement sa famille, ce qu'elle ne cessera jamais de faire en élevant une de ses nièces après la mort de sa sœur en couches.

En revanche, elle a tout organisé pour qu'on ne retrouve jamais sa trace. Jamais elle ne s'est présentée en tant que A. M. Barnard, tout comme elle a détruit sa correspondance ou tout témoignage possible qui pourrait la lier à ses écrits. Les éditeurs de ces publications n'ont pas su non plus qui se cachait derrière ce nom. Ses raisons sont multiples. Tout d'abord, parce que les livres écrits par les hommes se vendent beaucoup mieux. Également parce qu'on ne peut pas imaginer que des histoires qui parlent d'amour puissent être écrites par une femme encore célibataire – sans parler de scènes où affleure le désir. Elle ne veut certes pas offenser ses proches, en particulier son père dont elle craint le jugement, pas plus qu'elle ne souhaite choquer ce qu'elle nomme les « *respectables traditions* » de leur ville. Nathaniel Hawthorne (l'auteur de *La Lettre écarlate*), un voisin de ses parents, ne se prive pas de qualifier les écrivaines émergentes de « *meutes de gribouilleuses*[2] ».

Outre la signature de A. M. Barnard, elle a eu également recours à ses initiales d'emprunt, A. M. B., et peut-être encore à d'autres alias. Récemment, un universitaire croit avoir identifié un autre nom de plume, E. H. Gould[3], avec là aussi deux initiales qui font penser à un patronyme masculin.

Son secret si bien gardé ne sera percé qu'un siècle plus tard, dans les années 1950, par deux bouquinistes new-yorkaises de livres rares, amatrices d'énigmes et attentives à certaines coïncidences[4]. Louisa May pour qui « *tout ce qui arrive est toujours un poisson pris dans les filets de la littérature*[5] » aurait sans doute apprécié cette enquête si tardive sur sa double identité.

Mais à trente-cinq ans, elle ne sait pas encore qu'elle va passer à une étape supérieure.

---

2. Nathaniel Hawthorne, 1855, in *Letters of Hawthorne to William D. Ticknor, 1851-1864*, V. 1, Legare Street Press, 2023.
3. Max Chapnick, Northeastern University.
4. Madeleine Stern et Leona Rostenberg, New York.
5. Louisa May Alcott, *Journal*, Athens, University of Georgia Press, 1997.

Alors qu'elle vient d'accepter un poste d'éditrice dans un magazine pour jeune public, un éditeur lui propose de se lancer dans un « roman pour filles », un courant en vogue dont il flaire le potentiel. Elle travaille vite, en trois mois à peine, en s'inspirant de sa propre vie avec ses sœurs et de leurs quatre caractères si différents. En 1868, la réception publique et l'écho critique de *Little Women* sont tels qu'elle s'engouffre immédiatement dans un deuxième tome. D'autres suivront. D'un tirage initial de 2 000 exemplaires écoulés aux États-Unis en l'espace de deux semaines, ses droits d'auteur ne cessent d'atteindre des chiffres astronomiques.

En France, *Little Women* devient *Les Quatre Filles du docteur March*, un titre d'autant plus étrange que les filles March ont un père pasteur qui, de surcroît, est absent pendant la majorité du roman. Pierre-Jules Hetzel, l'éditeur de Jules Verne, a non seulement changé le titre, mais il a aussi largement « arrangé » le texte en reprenant son propre pseudonyme, P. J. Stahl, auquel il a simplement ajouté la mention : « d'après L. M. Alcott ». Plus qu'une usurpation : une spoliation inédite. Sans doute a-t-il voulu garder du roman un décorum, une ambiance, et se débarrasser de ce qu'il considérait comme inconvenant pour un public de jeunes filles de bonne famille. Peut-être s'est-il dit aussi que les quatre sœurs et leur mère ne vivaient pas assez de péripéties à elles seules, sans une présence masculine forte. En procédant ainsi, il a précisément fait ce que Louisa May Alcott redoutait, elle qui se méfiait tant de ce qu'elle nommait « *la bouillie morale* » destinée à la jeunesse.

En réalité, Louisa May a donné dans ses livres de nombreuses clés, à la fois sur elle-même et sur sa vie d'autrice cachée. L'impétueuse Jo March, la plus emblématique des quatre sœurs, est à son image. Louisa May s'est décrite comme « *une âme d'homme mise par quelque erreur de la nature dans un corps de femme*[6] ». Jo March se sent plus garçon que fille. Louisa May ne s'est jamais mariée. Jo March veut rester indépendante et épouse sur le tard un professeur avec lequel elle dirige une école. Louisa May déclare : *« À l'avenir, il serait bon que les femmes puissent faire ce qu'elles veulent et que les hommes cessent de leur mettre des bâtons dans les roues. Et surtout que la partie se joue à armes égales, c'est une simple question de justice, je dirais*[7]. *»* Par ailleurs, elle lutte activement pour le droit de suffrage féminin. Jo March, animée par la passion de l'écriture, connaît comme sa créatrice de longues et difficiles tribulations pour publier ses récits. Et, comme elle, craint de laisser son nom sur la couverture, choisissant l'anonymat.

Louisa May Alcott a semé dans son « *roman de filles* » autant de graines destinées aux futures générations. La dernière adaptation à l'écran de la cinéaste Greta Gerwig a remis en valeur le titre anglais et offert un regard résolument moderne et féministe sur l'œuvre.

---

6. Interview de Louise Chandler Moulton, *The Sun*, 1883.
7. Louisa May Alcott, *Nos têtes audacieuses*, Rome, L'Orma, 2022.

Coups pour coups

Françoise Adèle Chartier, alias Camille Delaville

> « *Je n'ai pas écrit par goût, mais pour élever mes enfants*[1]. »

À dix-huit ans à peine, en 1857, Françoise Adèle se marie. Elle a choisi de s'unir à un certain Émile Couteau, un avocat à peine plus âgé qu'elle, descendant d'un peintre néerlandais du Siècle d'or. Elle-même a été élevée dans une famille bourgeoise, bien que rapidement orpheline de mère. Mais son époux se révèle d'un tempérament difficile, toujours prêt à s'emporter, se montrant d'un « *entêtement extrême et d'une violence effrayante*[2] ». Les coups ne tardent pas et pleuvent sur elle. Trois ans plus tard, enceinte de leur seconde fille, elle finit par s'enfuir

1. Camille Delaville, cité in Nelly Sanchez, « Camille Delaville, une journaliste féministe ? » *Genre et Histoire*, 2010.
2. Camille Delaville, *La Loi qui tue*, Paris, BNF Gallica, 1875.

du domicile conjugal. Elle a voulu se mettre à l'abri avec ses enfants, mais son départ lui vaut d'être accusée d'adultère et elle est condamnée à deux ans de prison – peine qu'elle évitera tout juste. Le mari a alors la pleine autorité sur son épouse et leur séparation prive de ses droits Mme Couteau, redevenue mineure aux yeux de la société. Les biens hérités de sa propre famille vont être désormais administrés par un conseil judiciaire. Il lui faudra attendre vingt-cinq ans avant qu'une nouvelle loi qui autorise le divorce la libère enfin.

Pendant le second Empire, être journaliste dans les organes de presse qui comptent est un but peu accessible aux femmes. Celles qui veulent en être sont limitées à des périodiques dits féminins, ou aux rubriques de mode et autres carnets mondains. Pour viser des publications plus sérieuses, il vaut mieux un nom de plume masculin. C'est ainsi que Camille Delaville fait son entrée dans le monde éditorial. Delaville en hommage à sa mère dont c'est le nom de jeune fille, et Camille, mi-féminin mi-masculin, un prénom « *hermaphrodite* », comme le souligne Olympe Audouard, l'une de ses amies écrivaines (qui de son côté signe Feo de Jouval). Celle-ci s'amuse de voir que, dans l'ensemble, les journalistes sont persuadés d'avoir affaire à un confrère[3]. Apparemment, le stratagème marche pendant plusieurs

3. Olympe Audouard, « Camille Delaville », in *Silhouettes parisiennes*, Wikisource, 1883.

années, le temps pour Camille de s'installer dans sa profession.

Elle a raconté plus tard avoir fait ses premières armes grâce à une femme de lettres, sculptrice et critique d'art, Claude Vignon, dont le pseudonyme masculin vient d'un personnage de Balzac. Camille fera un portrait très élogieux d'elle dans son livre intitulé *Mes contemporaines.* Sa rencontre avec Alexandre Dumas père, qui la conforte dans son talent, va également l'aider à s'affirmer. Dans les années 1870-1880, elle se taille une place de choix dans le Tout-Paris grâce à une vie mondaine très soutenue. Elle donne de mémorables réceptions et fêtes, tout en tenant un salon hebdomadaire dans lequel elle attire les nouveaux noms de la littérature. Elle réussit même à fonder ses propres périodiques, certes éphémères, et apparaît à toutes les manifestations importantes. C'est presque un tour de force car, depuis sa sentence pour adultère, elle traîne derrière elle une mauvaise réputation que ses nombreuses aventures tapageuses n'aident pas à dissiper.

Elle va aussi publier quelques romans, dont l'un qui raconte le désastre de son mariage – dans lequel son héroïne ne parvient jamais à se relever des injustices subies. Ses articles, parfois virulents, prennent position sur les grands débats de société, en particulier sur la condition de la femme. Elle ne veut faire aucun compromis sur sa liberté d'expression, ne craignant jamais de heurter ni de choquer.

Elle adopte également d'autres noms de plume, comme Pierre de Chatillon et peut ainsi essaimer dans plusieurs journaux. Olympe Audouard la décrit toujours comme « *la première femme vraiment journaliste, c'est-à-dire faisant chaque jour cent lignes sur l'événement du jour, qu'il soit tragique ou comique*[4] ».

Il ne faut pas occulter ses autres engagements, comme lors de la guerre de 1870-1871, où elle met son logis à disposition des blessés qu'elle va, à ses risques et périls, chercher jusque dans les zones de combat – elle-même sera touchée par une balle.

Comme la plupart de ses consœurs, elle entre dans la fameuse catégorie des *bas-bleus*, si facilement pointées du doigt. Décidée à s'en moquer plutôt qu'à en subir les éternelles attaques, elle fonde avec une autre chroniqueuse et amie le « Dîner mensuel des bas-bleus », où se retrouvent membres et participants, femmes et hommes confondus, portant en effigie une minichaussette en soie bleue. Elles vont même essayer d'y convier leur infatigable opposant, Barbey d'Aurevilly. S'il daignait venir, il y trouverait « *des femmes qui ont juste assez de bleu dans leur bas pour rappeler qu'elles descendent du ciel*[5] ». Mais ce dernier, qui préfère pourfendre de loin, tient à sa dignité et, craignant leurs « *moqueries* », décline avec prudence.

Au fil de ses portraits dans *Mes contemporaines*, Camille livre des considérations plus personnelles, souvent très désabusées. « *Nous sommes encore à une époque où la femme pour arriver à quelque chose ne*

---

4. *Ibid.*

5. Chronique de Jeanne Thilda, citée in Charles Buet, *J. Barbey d'Aurevilly : Impressions et Souvenirs*, Paris, BNF Gallica, 1891.

doit compter que sur la ruse ; quand elle est franche, on lui jette de la boue au visage[6]. » Comment continuer à s'insurger contre le destin féminin imposé, braver les discours et les opinions alors qu'elle-même, malgré tous ses efforts, n'a jamais réussi à se débarrasser du fardeau de son passé ? Cette tache initiale, qui l'a stigmatisée à vie quoi qu'elle fasse, ne semble jamais vouloir s'effacer, la poussant parfois même à minimiser l'audace de sa carrière. Si elle n'a jamais pu regagner la respectabilité qui lui manque, elle est tout de même parvenue à faire entendre sa voix.

---

6. Camille Delaville, in « Mes contemporaines, VI, Olympe Audouard », *Le Constitutionnel*, 1887.

Les vies parallèles d'une épouse modèle

Louise-Cécile Boufflé, alias Arvède Barine

> « *Ce sera mon excuse pour solliciter si longuement l'attention du lecteur*[1]... »

La vie comme l'œuvre d'Arvède Barine reflètent parfaitement les paradoxes auxquels sont soumises les autrices dans cette seconde moitié du XIXe siècle. Se faire entendre, être reconnues et, en même temps, ménager les susceptibilités, ne pas trancher ou choquer par leurs conduites, bref ne jamais menacer l'ordre établi.

Elle-même s'astreint à un difficile numéro d'équilibriste : imposer ses publications sans prendre trop de place et rester conforme aux caractéristiques supposées de son sexe. Un de ses confrères note qu'elle s'emploie à être « *aussi peu que possible femme de lettres*[2] ». Un

1. Arvède Barine, *La Jeunesse de la Grande Mademoiselle*, Paris, BNF Gallica, 1901.

2. René Doumic, « L'œuvre d'Arvède Barine », Paris, *Revue des Deux Mondes*, janvier 1909.

compliment sous sa plume qui, indirectement, traduit la gêne devant l'envahissement progressif de l'écrit par les femmes. On a admis leur incursion dans le roman populaire ou sentimental, mais certains genres résistent encore. Or, l'écrivaine s'attaque à deux d'entre eux : la biographie et l'histoire, jusque-là réservées aux esprits scientifiques et « virils » par définition. La liste conséquente de ses ouvrages le démontre : deux volumes sur Louis XIV et la duchesse de Montpensier, dite la Grande Mademoiselle, une biographie d'Alfred de Musset, une de saint François d'Assise, et un essai sur ceux qu'elle nomme les « névrosés » de la littérature, comme Poe, E.T.A. Hoffmann, Nerval et Thomas de Quincey – parmi tous ses livres, celui-ci aura moins de succès, comme si elle se devait de ne pas aborder des thèmes plus complexes.

Il faut ajouter qu'elle fait partie du premier jury du prix Femina, dit « de la Vie heureuse », un an après sa création en 1904, en réaction contre la misogynie des membres de l'Académie Goncourt qui ont refusé de récompenser l'une de leurs consœurs. En dépit de son étiquette d'intellectuelle reconnue, Arvède Barine ne cesse de minimiser son travail et de donner une image aussi lisse que possible. Comme si, pas à pas, elle voulait détricoter ce qu'elle s'acharnait à construire depuis un bon nombre d'années.

Elle est entrée assez tardivement dans le cénacle littéraire, soulignant chaque fois à quel point il était important pour elle d'être une épouse et une mère, et de se concentrer sur sa vie domestique. Avant de se lancer, elle a pris un pseudonyme. Elle s'est arrêtée sur un prénom rare d'apparence plutôt masculine, mais qui, comme elle l'explique à un journaliste, vient du patronyme de l'une de ses amies chères. En réalité, si elle l'a choisi, c'est aussi parce qu'il a « *l'avantage de n'être ni homme ni femme ; ou plutôt les deux*[3] ». Sans doute pour s'interdire une réelle transgression.

Quant à « Barine », en dépit de sa consonnance russe, il renvoie tout simplement, dit-elle, au nom d'une colline dans les environs de Toul où son mari a été sous-préfet. Mais, là aussi, la dame est plus fine qu'il n'y paraît, car « Barine » signifie « seigneur » ou « noble » en russe, mais également par extension « Monsieur », ce qui ouvre la porte à un double sens. D'ailleurs, Saint-Loup, un personnage de Proust, en évoquant le plaisir de lecture d'Arvède Barine, parle d'un « *auteur russe* » dont il a trouvé le livre à la gare et qui écrit « *remarquablement pour un étranger* ». Coup double pour le sexe et l'origine. Finalement, Madame ou « Monsieur » maîtrise très bien l'ambiguïté…

Dans ses entretiens, elle sous-estime souvent son parcours. Elle ne peut se prétendre historienne, car elle n'en a pas étudié la discipline, mais elle a eu accès aux classiques issus de la bibliothèque paternelle. Pas de réelle formation, si ce n'est celle tardive du latin grâce à l'enseignement patient de son mari. Elle se réfère toujours à son père, ou à son mari,

3. Ernest Tissot, *Princesses de lettres*, Fontemoing & Cie, 1909, Wikisource.

reconnaissante de leur confiance à son endroit. Pour retracer ce long cheminement, elle se dit fière d'éprouver la même satisfaction que « *lorsqu'elle a bien rangé son armoire à linge* ». Ce rappel à ses tâches ménagères ou familiales persiste, comme son obsession à se dépeindre modestement.

À force de se plier aux archétypes masculins, la biographe a pu progresser à sa guise. Sans vouloir faire de vagues dans ses prises de position, elle s'est parfois autorisée à mener une analyse plus engagée – on n'ose dire féministe – sur certaines personnalités. Elle passe ainsi au crible plusieurs destinées de femmes exceptionnelles au fil de deux ouvrages. Son premier exemple est l'épouse du célèbre auteur anglais, Thomas Carlyle, qui a bien du mal à contenir son grand homme de mari dont les exigences au quotidien dépassent souvent l'entendement. Petit à petit, l'autrice esquisse le caractère d'un génie « *hargneux et bizarre* », semblable à un minotaure dévorant sa victime[4]. C'est dans ces moments-là où celle qui ambitionne « *de rester à sa place*[5] » se laisse aller à davantage d'introspection. Dans ses autres portraits, elle cherche également à comprendre ce qui a poussé ces femmes volontaires à s'imposer : l'écrivaine George Eliot ostracisée parce que vivant hors des liens du mariage, la princesse Palatine qui préfère monter à cheval ou chasser, la reine Christine de Suède élevée comme un garçon et refusant la

4. Arvède Barine, *Portraits de femmes*, Paris, BNF Gallica, 1906.
5. René Doumic, « L'œuvre d'Arvède Barine », *op. cit.*

maternité, ou enfin la mathématicienne de génie Sophie Kovalevsky, décidée à se consacrer à sa passion malgré les obstacles.

Si Arvède Barine a pu souvent être ramenée à son « *style charmant* » et à ses « *vertus* » féminines, elle aura trouvé dans ses biographies une manière de réussir par procuration ce qu'elle n'a pas pu réaliser dans sa propre vie.

Le bagne d'une dame patronesse

Jeanne Ninous, alias Pierre Ninous, Paul d'Aigremont

« Soyez persuadé qu'une seule chose me tient à cœur : la recherche de la vérité[1] *! »*

L'Empoisonneuse, mais aussi *Mère inconnue*, *Le Bâtard*, *Cœur brisé*, *Le Sacrifice de Micheline*, *Pauvre Petiote* ou encore *L'Heure terrible*, un dramatique roman d'amour, autant de titres éloquents pour cette écrivaine de romans populaires qui a signé plus de quarante-cinq titres en un peu plus d'une vingtaine d'années. Elle fait partie des auteurs les plus prisés du genre, sous couvert de trois pseudonymes : Jean Lapeyrère, Pierre Ninous et Paul d'Aigremont dont elle use à sa guise, soit pour changer de registre ou pour échapper aux étiquettes dont on aime tant affubler les femmes à qui l'on fait sentir, dans cette deuxième moitié du XIXe, qu'elles n'ont rien à faire sur ce territoire éditorial. Sans compter les nouveaux

1. Paul d'Aigremont, *Tragique Amour*, BNF Gallica, 1913.

noms qu'elle a pris pour l'état civil en se mariant par deux fois. Un autre usage inévitable auquel s'habituer.

L'un de ses partis pris romanesques est de suivre ses personnages au fil de leurs épreuves : mères seules, enfants abandonnés, injustement plongés dans la misère ou perdus dans les pièges impitoyables de leur condition. L'écrivaine raffole de ces destinées troublées et sait distribuer les péripéties en cascade avec un certain art de la chute. Elle n'est pas dénuée non plus d'une certaine finesse psychologique dans l'abord de ses personnages.

Les critiques ne sont pourtant pas tendres. L'un constate à quel point elle s'est ingéniée à « *inonder de larmes les galeries supérieures*[2] » des théâtres avec son mélo au titre très évocateur, *Mère et Martyre*. Un autre dénonce chez elle son « *incontinence de plume* » qui la fait entrer dans les rangs laborieux de ces « *pondeuses de copie*[3] ». Son style n'est certes pas à l'abri de facilités ni, comme le souligne un observateur cinglant, de pléonasmes qui « *fleurissent dans ses jardins*[4] ». Ce dernier, connu pour sa misogynie, se gausse aussi de son *Monté-Léone*, sous-titré pompeusement « Un grand roman dramatique », et

---

2. Gaston Bastit, *La Gascogne littéraire*, 1894, rééd. Honoré Champion, Genève, 1970.

3. Frédéric Loliée, « Les industriels du roman populaire », *Revue des Revues* n°19, 1899.

4. Han Ryner, *Le Massacre des Amazones, étude critique sur deux cents bas-bleus contemporains*, Paris, Chamuel, www.gutenberg.org, 2015.

qui, en se calquant sur le *Monte-Cristo* de Dumas, s'emploie à proposer plus de rebondissements encore que son modèle.

Peu importe ! Dans ce genre de productions éditoriales, elle tient la dragée haute à ses collègues. Avec un but en tête, comme elle s'en explique avec fougue, qui serait de « *relever le roman populaire, diminuer les crimes, les cambrioleurs et autres choses si pernicieuses qui servent souvent d'exemples*[5] ». Son approche moralisatrice veut aussi exalter le bon dans l'humain. Quoi de mieux que de valoriser le courage de personnages pris dans l'engrenage de la réalité et déterminés à inverser la fatalité ?

Or, elle ne peut se douter que, dans une sorte de curieux renversement, elle-même va devoir affronter dans sa propre vie les aléas qu'elle fait subir à longueur de romans à ses personnages.

Jeanne Ninous est née à Bordeaux en 1841. Son premier mariage se solde par une plainte de son mari qui la traîne devant la police correctionnelle. Ses « frasques » semblent en être la cause. La voilà pour la première fois confrontée au réel avec la même sévérité qu'elle réserve à ses héroïnes. Jusqu'à son divorce qui tarde à être prononcé, elle travaille durement pour gagner sa vie. Elle fonde notamment un hebdomadaire illustré de mode pour jeunes filles, *La Famille*, qui se maintient pendant quelques années. Et quand cela ne suffit plus, elle recourt à un autre savoir-faire plus prosaïque, fabriquer des articles… de passementerie. Enfin, grâce à son nouveau mari,

5. *Ibid.*

Léon de Roussen, longtemps secrétaire de Gambetta, et qui siège au conseil d'administration d'un journal républicain, elle trouve un nouvel organe de presse pour ses feuilletons. En 1881, Roussen se porte acquéreur de l'île de Porquerolles. Napoléon y a fait construire au début du siècle un ensemble de fortifications afin de renforcer la défense du littoral. Puis des terres cultivables ont été mises en concession au profit des vétérans. Léon de Roussen veut quant à lui y ouvrir une exploitation agricole ainsi qu'un centre d'éducation ou, comme on dit alors, « une école de réforme » où vont être employés des jeunes de l'Assistance publique venus de la région parisienne. Il s'agit de proposer à ces orphelins ou marginaux encore mineurs un apprentissage en vue de leur réinsertion dans le monde du travail. Ils s'attellent donc à défricher, puis à cultiver les terres afin d'y récolter fruits, légumes et autres céréales.

Mme de Roussen, qui n'a pas eu d'enfants, s'est prise de passion pour le projet. Elle se sent investie d'une mission, persuadée que dans un lieu si merveilleux, au soleil et au bord de la mer, les jeunes seront à même d'oublier leur infortune passée et pourront s'épanouir. C'est comme si ses personnages de papier s'animaient d'un coup devant ses yeux.

Or, tout à son enthousiasme, la prétendue idéaliste et philanthrope ne prend pas conscience du drame qui se joue devant elle. Les conditions s'avèrent extrêmement dures pour les jeunes, ils suent sang et eau depuis l'aurore jusque très tard le soir et, à la place d'un encadrement pédagogique, voire d'un accompagnement, sont confrontés à un arbitraire disciplinaire. Leurs gardiens, qui les punissent pour un oui ou pour un non, les terrorisent en les jetant dans des cellules isolées ou en les menaçant de réels sévices, comme la « crapaudine », une méthode de torture héritée des travaux forcés militaires où ils se retrouvent mains et pieds attachés ensemble dans le dos, à la manière d'un crapaud. Leur délabrement moral et physique est flagrant. Ce que personne ne semble voir, surtout pas Mme de Roussen. Enfin, en juillet 1886, lorsqu'ils se rebellent, l'écrivaine s'indigne de les voir si peu reconnaissants envers leurs bienfaiteurs.

L'affaire prend rapidement un tour politique ; aux yeux de l'opinion, Mme de Roussen est présentée comme une terrible ogresse, et le couple montré du doigt : deux bourreaux avides d'exploiter des innocents dans un bagne qui ne dit pas son nom. Une chanson intitulée « Monsieur et Madame de Roussen » ironise sur les mauvais traitements commis par ces « *deux honorables personnages* », dans un duo décapant.

Lui : « *En cage comme des ours*
Nous les mettrons pour toujours. »
Elle : « *Ce n'est pas en le gâtant qu'on élève un enfant.*
C'est en le martyrisant, souvenez-vous-en[6] *!* »

Les deux époux sont traduits en justice. Madame proteste et fait valoir l'amour qu'elle éprouve pour

6. Jules Jouy, *Les Chansons de l'année*, « Monsieur et Madame de Roussen », BNF Gallica, 1888.

les orphelins en général et ceux-ci en particulier – ses livres n'en sont-ils pas la preuve ? En larmes, elle tente de convaincre de sa bonne foi, prétendant devant les fers qui servaient à enchaîner les récalcitrants, qu'ils étaient juste supposés les effrayer. Pour finir, elle est contrainte de reconnaître le bien-fondé des accusations. Le couple est déclaré coupable et condamné pour maltraitance.

Pour tourner cette désastreuse page, Pierre Ninous, beaucoup plus à l'aise avec la fiction qu'avec le réel, va revenir dans le cocon de ses romans où elle peut exercer ses talents et tirer ses protagonistes de tous les mauvais pièges dans lesquels elle ne cesse de les précipiter.

À l'écrit comme à l'Oural

Alice Fleury, alias Henry Gréville

« C'est encore une femme,
à ce qu'il paraît, que ce monsieur-là[1] *! »*

Récupérer un manuscrit chez un éditeur en s'apercevant qu'il n'a même pas été ouvert, quoique très largement dénigré, est l'une des énièmes expériences vécues par Alice Fleury, devenue Durand. Depuis qu'elle est revenue à Paris de Russie, elle tente laborieusement de placer ses romans, et ce sans aucun succès. Quatre années à s'entêter, marquées par de sempiternels refus, alors qu'à Saint-Pétersbourg, où elle a longtemps vécu, elle a réussi à vendre nouvelles et romans dans un journal en français du ministère des Affaires étrangères. Mais ne dit-on pas que nul n'est prophète en son pays ?

À l'âge de quinze ans à peine, elle a suivi son père, un ancien journaliste, devenu professeur de

1. Jules Barbey d'Aurevilly, *Les Œuvres et les Hommes*, « Les bas-bleus », V, chap. XXIII, BNF Gallica, 1878.

français et de littérature française au lycée impérial de Saint-Pétersbourg. Après avoir été demoiselle de compagnie puis préceptrice auprès d'une famille allemande, elle s'occupe de jeunes filles russes auxquelles elle apprend à lire et à écrire. Elle va séjourner dans l'Empire russe une quinzaine d'années, le temps de poursuivre ses propres études de langue et de rencontrer un jeune homme, également professeur, bientôt un critique d'art réputé et son futur mari, Émile Durand.

Curieusement, c'est la mort de George Sand en 1876 qui va changer la donne. Le directeur de la *Revue des Deux Mondes* se dit qu'elle pourrait être un épigone de la grande écrivaine. Une idée saugrenue puisque Alice Fleury situe ses récits dans des paysages beaucoup plus exotiques que le Berry, mais son approche des coutumes locales, ainsi que les détails sur la vie quotidienne russe, suffisent à créer un rapprochement. Et ses personnages possèdent une profondeur intérieure proche de celle de son aînée. Ce flambeau symbolique est d'autant plus honorifique qu'elle a eu la chance de rencontrer George Sand grâce à Ivan Tourgueniev, que son mari a traduit, et que, depuis, elle s'est liée à Maurice Sand, le fils de l'écrivaine.

Quoi qu'il en soit, il lui faut un pseudonyme masculin. Ses revers permanents ont prouvé à quel point « *écrire sous un nom de femme était à peu près impossible*[2] ». Elle choisit alors le nom du village de

2. Henry Gréville, « Psychologie des Pseudonymes », *Le Gaulois* du 29 octobre 1897, BNF Gallica.

Gréville d'où son père est originaire. Quant au prénom Henry, elle explique qu'elle ne connaît justement personne de ce nom, ce qui la met « *à l'aise pour éviter les curiosités indiscrètes*[3] ».

En 1876, un roman paraît en feuilleton dans la presse. Et le public adore. Ses histoires russes plaisent tant que d'autres journaux lui en réclament aussi – les mêmes qui les avaient précédemment rejetées. Au-delà de cette formidable revanche, elle peut aisément faire face aux demandes, ayant beaucoup de manuscrits d'avance. Et peut riposter avec une certaine morgue à ses solliciteurs qu'ils n'ont qu'à fouiller dans leurs archives, ils n'auront aucune peine à en retrouver la trace !

La mode Gréville est lancée. Les critiques font l'éloge d'une romancière du « *vrai* ». Même le fielleux Barbey d'Aurevilly, dont l'essai sur *les bas-bleus* et ces écrivaines qui envahissent selon lui la mâle littérature, rend les armes. Il trouve des vertus à son style et lui accorde une « *pureté de la plume* ». Toutefois, il renâcle sur le nombre de livres qui se succèdent à trop vive allure. Car la définition du « *bas-bleuisme* » – le néologisme est de lui – n'est pas tant d'oser publier un livre, mais d'avoir la prétention d'en commettre plusieurs. Comme s'il opposait un ultime barrage à la horde féminine vécue comme menaçante. De fait, le flux de publications de Gréville est impressionnant – il est dit à la fin de sa vie qu'elle aura compté plus d'ouvrages que d'années. En un an, près d'une dizaine de romans voient le

3. *Ibid.*

jour. Retrouvant un peu de son mordant, Barbey d'Aurevilly finit par lui reprocher aussi une tendance à l'idéalisation de la Grande Russie. Depuis qu'elle est rentrée en France, elle pioche en effet davantage dans des extrapolations romanesques de ses souvenirs que dans la réalité.

Maupassant, très enthousiaste, qui la range parmi les « femmes de lettres », la désigne comme « *un conteur, un conteur gracieux et attendri. On la lit avec un plaisir doux et continu ; et, quand on connaît un de ses livres, on prendra toujours volontiers les autres*[4] ». Un charme particulier qu'évoquera plus tard Marcel Proust en décrivant une tenue de Mme Swann, avec ses robes démodées qui la faisaient ressembler à une « *héroïne de roman* » de Gréville.

Car, entretemps, son nom a été dévoilé. On peut toujours s'interroger sur la finalité de ces pseudonymes masculins et le sien ne fait pas exception. Les détracteurs parlent de « *mascarade* », mais celles qui en usent dans ces années le voient comme un marchepied et un moyen de ne pas compromettre leur réputation. Quoi qu'il en soit, elles restent toujours moins bien payées que leurs confrères masculins. Émile Durand, son mari, soutien constant, va accoler le nom de Gréville au sien, comme un second lien assumé, un geste rare de la part d'un homme.

Avec le succès, Henry Gréville va s'impliquer dans la cause des enfants abandonnés. Avec le concours de

---

4. Guy de Maupassant, « Les Femmes de lettres », *Le Gaulois*, 24 avril 1883, BNF Gallica.

ses amis, dont Victor Hugo, elle devient la vice-présidente de l'Orphelinat des arts à Courbevoie, un établissement gratuit pour les jeunes orphelines démunies. Elle veut contribuer à améliorer l'éducation des filles, allant jusqu'à écrire un manuel d'instruction morale et civique, sans véritable lien avec la religion, mais approuvé par Jules Ferry. Puis elle entreprend des tournées de conférences à l'étranger, notamment sur la côte Est américaine. De santé fragile, elle disparaît avant son soixantième anniversaire.

Alors qu'elle a tant contribué à rendre un peu des traditions et de l'âme slave au public français, elle va être dépassée par l'irruption des Dostoïevski ou Tolstoï eux-mêmes, toujours plus traduits, et dont la voix singulière n'a plus besoin d'interprète.

L'outrage considéré comme un des Beaux-Arts

Marie-Amélie Chartroule de Montifaud, alias Marc de Montifaud

« Si je suis une monstruosité,
une aberration des lettres... je suis moi,
moi tout seul, ce qui n'est certes pas assez ;
mais enfin je suis moi[1]. »

Régulièrement, à la Bibliothèque nationale, surgit une curieuse silhouette avec sous le bras « *une forte liasse de journaux et de cahiers* », qui se dirige d'un « *pas sautillant* » vers son siège de prédilection pour s'astreindre ensuite à de longues heures de recherches. Qui est cette créature en pantalon avec des bagues voyantes aux doigts ? Un homme aux cheveux longs, avec des chaussures à talon, ou une sorte de collégien qui n'en aurait plus l'âge, se cachant derrière un

1. Marc de Montifaud, cité par Laurence Brogniez, in « Marc de Montifaud, une femme en procès avec son siècle », Bruxelles, Sextant n° 6, 1996.

complet « *aux couleurs printanières*[2] » ? Il s'agit de l'écrivaine Marc de Montifaud qui, dès les années 1880, a obtenu l'autorisation de porter un costume d'homme auprès de la préfecture de police de Paris et ne le quitte plus été comme hiver – on compte alors ces « affranchies » sur les doigts d'une main. Un temps encore, elle garde sa chevelure, mais cette dernière coquetterie va disparaître avec les années pour privilégier une coupe courte, aussi masculine que possible.

Son aspect trahit certes son désir de se débarrasser de tenues qui l'entravent, mais aussi sa volonté absolue de s'opposer aux injonctions de son époque. Il faudrait tendre un miroir autour d'elle pour comprendre à quel point son habillement lui attire les foudres, quand ce ne sont pas les railleries de la bonne société. Mais elle s'en moque, trop occupée à ses multiples projets. Car la soif de travail de cette érudite ne connaît aucune limite. Dans quel domaine ne s'illustre-t-elle pas en effet ? Romancière, mais aussi bibliophile et amatrice éclairée de textes du XVIIe qu'elle va tirer de l'oubli, critique d'art tournée vers les peintres les plus novateurs, enfin spécialiste de politique étrangère dans un journal féministe ! Elle est dotée par ailleurs d'un esprit profondément anticlérical et provocateur, ainsi que d'une audace à toute épreuve. Et va en affronter les conséquences : scandales incessants, amendes, condamnations et menace perpétuelle d'emprisonnement[3].

---

2. Laurent Tailhade, « Marc de Montifaud », in *Quelques fantômes de jadis*, 1920, Wikisource.org

3. La plupart des informations biographiques et éditoriales proviennent des articles érudits de Laurence Brogniez.

Précoce, la petite Marie-Amélie s'aventure dès l'âge de douze ans dans l'écriture d'un roman et d'une tragédie. Son goût pour la joute philosophique lui vient sans doute de son père, médecin et libre-penseur qui tempère à sa manière le catholicisme vivace de son épouse. Puis elle se prend de passion pour l'art et suit des cours dans l'atelier du peintre Ange Tissier, un artiste officiel, mais aussi l'un des rares à enseigner à de jeunes postulantes venues de nombreux pays – elles sont encore loin d'avoir accès aux Beaux-Arts.

Elle épouse ensuite un aristocrate de la noblesse espagnole, le comte Juan Quivogne de Luna, d'une vingtaine d'années de plus qu'elle. Celui-ci accole, selon le vœu de son beau-père, « de Montifaud » à son patronyme. Elle, en revanche, procède à l'envers en se débarrassant de tous ces noms qui s'accumulent et ne garde que « de Montifaud ». Auquel elle ajoute le prénom de… Marc pour son nom de plume. Marc, qui vient du latin *Marcus,* renvoie à Mars, le dieu de la guerre et des combats. Ce qui témoigne du caractère pugnace et ardent de la jeune femme, et prouve aussi sa détermination à s'affirmer au sein d'un monde éditorial masculin.

Son mari travaille alors pour *L'Artiste,* une revue qui mêle littérature et beaux-arts, avec des signatures prestigieuses. Elle va pouvoir ainsi faire ses premières armes pendant une dizaine d'années. Ensemble, ils vont fonder un périodique intitulé *L'Art moderne,* hélas éphémère, où il est question d'expositions, de musées, de peintures, de sculptures et de gravures.

Marc de Montifaud est déjà à l'ouvrage sur une œuvre plus personnelle. En 1869-1870, elle publie un livre au titre tapageur : *Les Courtisanes de l'Antiquité*, suivi de *Marie-Magdeleine*. L'occasion pour elle de faire une apologie de ces femmes « *vouées au plaisir et à l'amour*[4] ». Un critique, qui en souligne l'érudition, mentionne l'onde de choc dès sa réception puisque, bien qu'imprimé en Belgique, son essai a été immédiatement interdit en France. On ne peut pas impunément défier le catholicisme, l'Église se sentant toujours plus menacée par le spectre de la sécularisation. Zola pour sa part trouve l'œuvre « *finement écrite et fort intéressante*[5] ».

Elle pourrait s'arrêter là et se garder des sujets à controverse, mais c'est mal la connaître. Toujours sous son pseudonyme masculin, elle s'emploie à exhumer des textes qui font polémique. Par exemple, un ouvrage du XVIe siècle intitulé *Les Triomphes de l'Abbaye des conards*, du nom des plaisantes facéties d'une confrérie du Moyen Âge. Dans une longue préface, elle en profite pour acclamer les débordements de ces « *rebelles* » qui rient « *à belles dents au nez des magistrats* » et poursuivent une « *lutte victorieuse contre l'obscurantisme*[6] ».

Cette petite provocation joyeuse n'est encore rien à côté de la suivante, quand elle ressuscite un ouvrage

4. Marc de Montifaud, *Les Courtisanes de l'Antiquité - Marie-Magdeleine*, Paris, 1876, 4e édition, BNF Gallica.

5. Avertissement de l'éditeur, *ibid.*

6. Marc de Montifaud, *Les Triomphes de l'Abbaye des Conards*, avec une notice sur la fête des fous, Paris, 1874, BNF Gallica.

libertin du XVIIe, qui déclenche de nouvelles ruades des autorités en raison de « *passages scabreux et de scènes érotiques*[7] ». Une première condamnation tombe pour « outrage à la morale publique », avec à la clé une amende de 500 F et huit jours de prison. Elle parvient tout juste à commuer sa peine en séjour dans une maison de santé.

Le boulet n'est pas tombé loin, ce qui ne l'empêche pas de récidiver ; l'incorrigible propose dans *Les Vestales de l'Église* des portraits de religieuses – et pécheresses – du Moyen Âge jusqu'au XVIIe siècle, « *sans pensée de bravade ou d'insulte* », selon elle qui se dit « *indifférente au dogme catholique*[8] ». Mais la réciproque n'est pas vraie et, pour la deuxième fois, accusée de se complaire dans des sujets intentionnellement obscènes ou choquants, elle est condamnée à une nouvelle amende de 500 F et à trois mois de prison. Il n'est plus question de maison de santé, mais d'une détention au milieu de criminelles de droit commun. En outre, la Bibliothèque nationale, son antre magique, lui ferme ses portes, le tohu-bohu des journalistes ne faisant pas bon ménage avec les recherches feutrées de ses visiteurs.

Elle tient bon et se prépare déjà à une nouvelle publication sous forme romanesque. En hommage à Balzac, elle entreprend un cycle qu'elle intitule *Comédie contemporaine*. Ses romans seront-ils moins dans la ligne de mire de la censure ?

---

7. Octave Uzanne, *Un curieux procès*, 20 décembre 1876, Conseiller du Bibliophile, Paris, 1er janvier 1877.

8. Marc de Montifaud, *Les Vestales de l'Église*, Bruxelles, 1877, BNF Gallica.

Madame Ducroisy paraît en 1878 et, jugé immédiatement obscène, lui vaut une troisième condamnation à quatre mois de prison. Dans ses pages scrutées désormais à la loupe, ce sont ses descriptions trop lascives du corps féminin qui choquent. Avec une certaine ironie, elle indique dans son avertissement avoir changé d'époque « *pour des raisons infiniment spécieuses et irrévérencieuses à déguster* ». Point n'est besoin de préciser que ses fausses précautions ne calment pas le jeu.

Pendant le procès, elle comprend qu'elle sera d'autant plus incriminée qu'elle est femme. Et qu'en tant que telle, elle ferait mieux de faire des enfants plutôt que d'écrire des livres, ceux-ci « *fussent-ils beaux et les enfants médiocres*[9] ». Maupassant vient à son secours dans un article où il la désigne précisément comme une « *victime de l'intolérance des mâles… honnie pour des livres qui n'auraient pas fait sourciller signés d'un homme*[10] ».

Devant la menace, elle finit par partir en Belgique. À Bruxelles, son arrivée ne passe pas inaperçue et, si le pays l'accueille comme d'autres citoyens français bannis, on se méfie d'elle – d'autant que ses livres comportent des pages d'illustrations trop explicites de femmes dévêtues.

Et le ballet recommence, d'autres titres suivent avec *Les Dévoyés*, une critique au vitriol des inéga-

9. Marc de Montifaud devant l'opinion publique. Sa justification. Lettre à M. Félix Delhasse, citée par Laurence Brogniez, *op. cit.*

10. Maupassant, « Les Femmes de lettres », *op. cit.*

lités et injustices de la société, puis une édition des contes licencieux et drolatiques de Crébillon fils. Elle n'a toujours pas l'intention de s'arrêter malgré les pressions. Entretemps, elle se penche sur l'abbé de Choisy, ce « *profil perdu* » aux frasques libertines, connu pour ses travestissements en femme dont elle restitue les mémoires. Elle en profite dans sa préface pour régler ses propres comptes et souligner à quel point il est injuste de la menacer de détention pour des « *délits littéraires* », à l'image d'un malfaiteur qui aurait « *forcé un coffre-fort* ».

De retour en France, elle découvre dans un récit publié dans *Le Figaro*, intitulé *Madame Sade*, un portrait un peu trop inspiré par sa personne, à ceci près que la femme en question serait obligée par son mari d'écrire des histoires pornographiques. Furieuse, Marc veut réagir, d'autant que si elle a l'habitude d'être poursuivie et traînée dans la boue, son mari n'a jamais été de près ou de loin mêlé à ses affaires. Le rédacteur auquel elle s'adresse nie toute corrélation entre son personnage et elle. Après différents recours sans suite, elle décide un soir de se rendre directement dans la loge du chroniqueur en cause à la Comédie-Française et le gifle en hurlant : « *Vous n'êtes qu'un lâche et un scélérat !* »

Nouvelle levée de bouclier contre celle qu'on traite d'hystérique, nouveau départ en Belgique où elle commence à ne plus être la bienvenue. Quelques années passent avant qu'elle ne réapparaisse, cette fois sous la signature de Paul Érasme dans les pages de *La Fronde*, le journal féministe de Marguerite Durand.

Dans *Sabine*, le dernier roman de sa *Comédie contemporaine*, elle s'en prend aux fondements de la morale conventionnelle en dépeignant une femme déterminée à défendre son sexe. Fatalement, son héroïne finit par se tuer. Ce constat d'échec est sans doute aussi le sien malgré son acharnement à tracer sa propre voie. Avant de sombrer dans l'oubli, elle publie encore une pièce aux accents patriotiques sur l'Alsace. Jamais là où on l'attend.

Aujourd'hui, il reste d'elle la mémoire d'un esprit subversif qui n'a rien perdu de sa vigueur. Son fils tentera de se faire le garant de sa mémoire – ne lui a-t-elle pas aussi donné le prénom de Marc ?

Elle feinte, elle esquive et, à la fin de l'envoi, elle touche

Marie-Paule Courbe, alias G. d'Estoc

« Nous vivons en des temps d'excentricités qui nous ont préparés à tout[1]. »

Plus qu'un pseudonyme qui claque, c'est un nom de guerre destiné à affirmer non seulement un sacré caractère – pugnace, querelleur, indomptable – et à tenir le monde au bout… de sa lame. Car « estoc » désigne une « épée longue et droite », mais aussi sa pointe. L'expression « porter l'estocade » sous-entend un coup décisif pour achever un animal ou un adversaire. C'est bien le but de Marie-Paule Courbe, devenue Parent-Desbarres par son mariage, qui a choisi ce nom batailleur précédé d'une initiale neutre.

Toute sa vie en effet montre son obstination farouche à se confronter à quiconque se dressera sur

1. G. d'Estoc, *Les Gloires malsaines : La Vierge réclame*, BNF Gallica, 1887.

son chemin, hommes et femmes, et non des moindres. Artiste, puis écrivaine, elle adhère rapidement, après sa création en 1890, à la Ligue de l'affranchissement des femmes et entend bien lutter activement contre les injustices imposées à son sexe. Elle fait aussi partie du Groupe des escrimeuses où l'on ne doit employer son épée « *qu'au service de la cause féminine*[2] ». Ajoutons à ses faits d'armes qu'elle a été soupçonnée d'une participation à un attentat anarchiste.

Elle est finalement restée dans l'histoire en raison de sa liaison tumultueuse avec Maupassant. Peut-être aussi pour son aventure supposée avec l'écrivaine Rachilde qui, de son côté, a obtenu, très jeune, le droit de s'habiller en homme auprès de la Préfecture de police. G. d'Estoc, elle, ne passe pas par les voies officielles, alors qu'elle affiche un réel penchant pour le travestissement, notamment pour les tenues de collégien – vestes d'uniforme scolaire aux boutons dorés et pantalons qu'elle revêt encore à quarante ans car elle fait beaucoup plus jeune que son âge.

Comme tant d'autres, l'écrivaine aurait pu être oubliée mais en 1944, un journaliste, un certain Pierre Borel, a publié une biographie fantasmée autour de sa relation avec Maupassant, où il a pris beaucoup de liberté, jusqu'à inclure des réécritures de documents prétendument originaux. En quelque sorte, il a façonné un personnage faussement légendaire, usant de stéréotypes vulgaires comme la mettre en scène dans un duel avec une femme, toutes deux

2. Gilles Picq, *Reflets d'une Maupassante*, Scribd, Éditions des Commérages, 2015.

épées brandies et… seins nus. Ses allégations sont d'autant plus absurdes que la réalité[3] ne leur cède en rien en termes d'extravagances – ce qu'on sait de sa vie le prouve amplement.

Face à de telles élucubrations, nul doute qu'elle aurait réagi, elle qui jamais n'a hésité à pourfendre ses adversaires lorsqu'elle s'est sentie attaquée ou juste désavouée. Car elle ne manque pas de répondant, sachant que, outre son attachement aux épées, elle possède aussi un revolver, dont elle se sert, d'après son dernier compagnon, pour tirer sur des mannequins qui lui servent de cibles dans son jardin – un exutoire certainement nécessaire !

Née en 1845 à Nancy, Marie-Paule Courbe porte le prénom d'un frère et d'une sœur morts avant elle (respectivement Paul et Paule), un héritage qui brouille sans doute la définition de son identité. Elle choisit d'étudier la sculpture tout en se liant amoureusement à une autre artiste, expose dans des salons régionaux, puis à Paris. De toutes ses œuvres, hélas aujourd'hui disparues, il ne reste que la photo d'un buste de paysanne pour attester de sa patte – un portrait sévère avec des traits plutôt masculins malgré la coiffe. Jusqu'à ses trente ans, l'artiste produit régulièrement sans que ses œuvres ne connaissent de retentissement particulier.

Elle décide alors de se marier, mais son époux, plus âgé qu'elle, meurt trois mois après la cérémonie. Ils

3. On la doit aux patientes et passionnantes recherches de Gilles Picq et Nicole Cadène dans le livre précité.

ne vivront donc jamais ensemble – il aurait sinon mené une double vie, puisqu'il avait déjà installé une seconde femme dans un appartement presque identique à celui prévu pour Marie-Paule. De cette brève union, elle garde le patronyme et signe désormais ses œuvres Marie-Paule Parent-Desbarres.

C'est en 1880 ou 1881 qu'elle fait la rencontre de Guy de Maupassant. Plus précisément, c'est elle qui l'approche en lui envoyant une lettre anonyme suffisamment piquante pour l'intriguer[4]. Elle est alors âgée de trente-cinq ou trente-six ans, lui en compte juste trente. Il vient d'être remarqué après avoir publié *Boule de suif* dans un livre collectif intitulé *Les Soirées de Médan* et s'apprête à sortir son premier recueil de nouvelles, *La Maison Tellier*. À la lecture de cet étrange billet, il croit à un canular d'un de ses amis, surtout que sa correspondante lui dit vouloir côtoyer un « *poète* », qui plus est « *sensuel* ». Malgré sa méfiance, et après une troisième lettre, ils conviennent d'un rendez-vous où elle se présente, cachée derrière une voilette. Au moins a-t-il une idée de sa stature et de son aspect général, même s'il ne peut pas tout à fait distinguer son visage. Si le début est quelque peu laborieux, les semaines suivantes sont torrides. Tous les défis possibles semblent être relevés par la jeune femme : se présenter en « *petit collégien* », en « *aspirant de marine* », porter une barbe postiche, revêtir les vêtements d'homme qu'il lui a promis de mettre à sa

4. Il ne reste que les lettres de Maupassant à G. d'Estoc, mais pas celles de cette dernière.

disposition, ou encore séduire la maîtresse d'un de ses amis qui aimerait « *goûter* » aux plaisirs d'une femme.

L'écrivain qui n'a pas « *l'âme sentimentale* » semble avoir trouvé une amante à sa démesure. Il lui écrit avoir « *le souvenir précis de* [*son*] *corps* » dans sa « *mémoire charnelle*[5] ». Au fil des mois, il va même jusqu'à lui intimer « *par Lesbos !* » de se calmer un peu et d'en faire moins en se montrant plus « *réservée* » dans ses entreprises en public, c'est dire ! De fait, celle qui prétend aimer les « *aventures compliquées* » ne cesse de dépasser ses attentes.

Mais les deux amants sont trop volcaniques pour ne pas entrer en conflit. Elle lui reproche d'avoir disparu pendant deux mois, il se justifie à peine. Elle l'accuse ensuite d'avoir conservé des affaires personnelles, tandis que lui la suspecte de lui avoir écrit des lettres anonymes. Le temps n'est plus aux provocations plaisantes et aux truculences habituelles. Pourtant, quelques années plus tard, il se met volontiers à sa « *disposition pour toutes les démarches qui pourraient* [*lui*] *être agréables près d'un journal* ».

Car entretemps, la bouillonnante et téméraire jeune femme s'est lancée dans le journalisme, d'abord sous le nom de « Gyzèle », puis autre variation, « Gyz-El ». Mais elle signe parfois aussi P. Desbarres, en laissant une initiale comme prénom. À l'origine, elle a pris la plume, dit-elle, pour défendre

---

5. Guy de Maupassant, « Correspondance » in *Œuvres complètes de Maupassant*, 16, 1973, 3 vol., éd. établie par J. Suffel, Le Cercle du bibliophile, Évreux.

une compatriote nancéienne, Gyp, attaquée par un confrère qui, comme Barbey d'Aurevilly, prétend « *chasser du temple de la littérature ces intruses qui menacent de l'envahir*[6] ». Déterminée à ferrailler en retour à l'aide de sa plume, elle veut établir une fois pour toutes que la femme peut être l'égale de l'homme.

En 1887, cette fois sous le pseudonyme G. d'Estoc, elle publie un roman à charge contre l'écrivaine Rachilde avec laquelle elle a eu (ou voulu avoir) une brève liaison. Dans son pamphlet, *La Vierge réclame*, elle s'emploie à démolir celle qu'elle nomme « Raclife » et son livre *Monsieur Vénus*. Elle lui reproche sa « *roublardise hypocrite*[7] », et de rechercher le scandale pour obtenir de l'attention. Un curieux blâme qu'elle pourrait exactement s'adresser en miroir. Peut-être s'est-elle sentie repoussée, ce qui expliquerait son aigreur et surtout l'écriture de ce livre aussi ouvertement revanchard. Imperturbable, Rachilde riposte à sa façon avec un récit intitulé *Madame Adonis* où son héroïne se travestit en homme et porte les mêmes initiales que Marie-Paule. Chacune tire à fleurets mouchetés, avec une grille suffisamment évidente pour lire entre les lignes.

G. d'Estoc, qui n'a décidément jamais peur de la confrontation ni des attaques, ne supporte pas de voir qu'un certain Laurent Tailhade, poète et pamphlétaire, a trahi « *le secret de (son) sexe* » en faisant

---

6. P. Desbarres in *Dépêche de Nancy*, 8 août 1885, cité in Nicole Cadène, « G. d'Estoc, une féministe méconnue », HAL Open Science, 2023.

7. G. d'Estoc, *Les Gloires malsaines : La Vierge réclame*, *op. cit.*

précéder G. d'Estoc d'un « Madame » et en révélant ainsi son identité féminine. Furieuse, elle le poursuit en justice. Acquitté une première fois, après appel, il finit par être condamné. La somme réclamée excédant largement ses moyens, il est envoyé en prison dont il parvient à sortir grâce à un ami qui paie sa caution. Le sort va s'acharner contre ce même Laurent Tailhade qui se trouve dans le restaurant Foyot, près du Sénat, où a été cachée une bombe dont l'explosion lui emporte un œil. Le nom de G. d'Estoc va circuler. Est-ce bien elle ? A-t-elle voulu se venger ? A-t-elle suivi des accointances anarchistes ? Comme souvent avec elle, tout est possible, même si le journaliste en question croit qu'elle n'est pas responsable, même si elle est « *plus connue pour ses excentricités que par son talent littéraire*[8] ».

Dans l'intervalle, G. d'Estoc s'est inscrite en 1890 à la Ligue de l'affranchissement des femmes créée par une journaliste, Astié de Valsayre, dont l'action se veut radicale. Cela commence par le refus d'accepter que certaines pratiques soient réservées aux hommes, dont les duels qui permettent de défendre à la fois ses opinions, mais aussi son honneur. Astié de Valsayre s'est elle-même battue à l'épée contre une Américaine au sujet d'une éventuelle supériorité des doctoresses américaines sur les françaises. Une attitude belliqueuse qui ne peut que séduire G. d'Estoc. Celle-ci participe à la rédaction des statuts de leur ligue. Et lorsque la célèbre journaliste Séverine, première directrice aux manettes

8. Gilles Picq, *Reflets d'une Maupassante*, *op. cit.*

d'un grand quotidien, *Le Cri du peuple*, envoie son mari se battre en duel à sa place, elle insiste pour lui donner un blâme public. Il est décidément difficile de trouver grâce à ses yeux.

Par la suite, elle aurait fait partie des candidates proposées par la Ligue aux élections municipales de Paris. Elle meurt à quarante-neuf ans. Son compagnon, qui a déclaré son décès l'a, sans le savoir, rajeunie d'une quinzaine d'années, tant la combativité de la jeunesse semble ne l'avoir jamais quittée.

Tante, nièce : deux âmes sœurs

Katherine Harris Bradley & Edith Emma Cooper, alias Michael Field

« Nous avons beaucoup à dire, mais le monde ne l'acceptera pas de la bouche d'une femme[1]. »

Elles sont poètes avant tout, avec un P majuscule. Et dramaturges aussi. Plutôt que de se lire l'une l'autre, elles veulent écrire ensemble, fusionner dans une voix unique au point de ne plus reconnaître la marque de l'une ou de l'autre. Lorsque l'une s'exalte, l'autre tempère, la première complétant ce qu'a entamé la seconde. Elles comparent leur approche à une vaste mosaïque dont les morceaux assemblés vont finir par former un motif.

Une telle union créative mérite un nom de plume ; elles s'arrêtent sur « John Cooley » – la contraction

1. Katherine Bradley, « Lettre à Robert Browning » in *Michael Field, The Poet*, éd. Marion Thain et Ana Parejo Vadillo, Toronto, Broadview Editions, 2009.

de Cooper et Bradley –, mais elles préfèrent créer un personnage dont le « tout serait plus que la somme de ses parties » selon la formule d'Aristote. C'est ainsi que naît Michael Field. Le prénom leur rappelle celui de William Michael Rossetti, un écrivain et critique littéraire dont elles se sentent proches. Mais de manière plus personnelle, Michael et Field sont aussi quelques-uns des sobriquets dont elles s'affublent ; Edith surnomme Katherine « Michael », et Katherine surnomme Edith « Field ». Tant d'autres étaient possibles : elles adorent se donner des noms d'animaux de compagnie !

Avancer masquées à l'aide de leur pseudonyme est à peu près la seule solution pour espérer exister et éviter les déflagrations inévitables que provoque l'émergence d'écrivaines dans le monde éditorial.

Mais elles ont encore d'autres raisons liées à leur histoire personnelle.

On devine qu'elles forment un couple. Dans la période victorienne, la répression est sévère, le *Criminal Amendment Act* de 1885 a criminalisé les rapports entre personnes du même sexe, en public comme en privé. Et la condamnation d'Oscar Wilde en 1895 va encore durcir le puritanisme ambiant. Mais après tout, aucune loi n'évoque les rapports entre femmes. Et la belle légende selon laquelle la reine Victoria se serait écriée : « *Jamais une femme ne ferait une chose pareille !* » ne repose sur aucun fait. Pourtant, en ce qui concerne Katherine et Edith, des évocations saphiques érotiques très assumées traversent leur œuvre.

Or, un autre élément inattendu vient compléter ce curieux puzzle car, au-delà d'être deux lesbiennes qui vivent et créent ensemble, elles sont aussi… tante et nièce. Sur les photos où elles posent, elles ont un très net air de famille, l'une paraissant le reflet de l'autre. Katherine Harris Bradley, qui a seize ans de plus, a dû s'occuper de la fille de sa sœur, devenue invalide à la suite de son accouchement. En grandissant, la jeune Edith Emma Cooper a développé les mêmes intérêts que sa tante pour la poésie, mais aussi pour la culture classique et la philosophie. Elles partagent une passion pour le grec ancien et le latin. Leur accord est tel qu'elles ne se quittent plus et tiennent même un *Journal* commun où chacune inscrit les activités ou les réflexions du jour.

Elles franchissent là encore un autre tabou au regard de la société et de l'église. Leur vie intime, et la dimension incestueuse de leur couple, doit donc rester cachée. Le pseudonyme de Michael Field leur permet précisément cette discrétion absolue, voire ce retrait du monde. En s'installant à l'extérieur de Bristol, elles s'affranchissent du regard des membres de leur famille qui ont peut-être applaudi leur proximité intellectuelle du début, mais ont moins apprécié leur rapprochement émotionnel et leurs « *péchés secrets* » comme elles les nomment.

Katherine a déjà tenté sa chance avec un premier livre de poésie publié en 1875 sous le nom d'Arran Leigh – un nom d'homme. Quelque temps plus tard, avec sa nièce, toutes deux s'essaient en tant qu'Arran et Isla Leigh, comme un couple qui collabore, mais sans susciter d'écho. La preuve pour elles qu'il faut revenir à un nom d'auteur masculin.

C'est ainsi que Michael Field entre en scène en 1884 avec la parution d'un drame en vers. Ce nouveau venu semble immédiatement gagner ses galons et se hisser parmi ceux qui comptent sur la scène littéraire. Il est même question de décerner un prix à « *cette voix inédite* ». Peut-être aussi parce qu'un tel mystère autour de sa personne contribue à l'excitation générale.

Le pacte entre elles est clair : ne rien révéler de l'identité de Michael Field. Un jour, une de leurs amies a le malheur de les introduire sous ce nom dans une soirée, elles se retrouvent en un instant entourées d'une nuée d'admiratrices qui les couvrent de compliments. Ce qui, malgré leur soif de reconnaissance, ne les satisfait nullement. Si on apprenait qu'elles écrivent à quatre mains, ce serait comme signifier que ni l'une ni l'autre ne pouvait y arriver seule. Leur association choisie ne serait jamais comprise en tant que telle.

Le coup de poignard dans le dos va pourtant venir d'un poète qu'elles estiment, Robert Browning, qui écrit lui-même avec sa femme. Après s'être employé à chercher qui pouvait être ce personnage si secret, il s'adresse à leur éditeur. Il est plutôt surpris de faire la connaissance non pas d'un homme, mais de deux femmes, qui le supplient de ne surtout rien divulguer. Malheureusement Browning ne peut pas résister et glisse quelques mots en société sur son incroyable découverte. La rumeur presque trop belle pour être vraie se répand rapidement. Katherine et Edith avaient raison, les critiques sur leur travail vont désormais prendre un tour beaucoup plus négatif. Pourtant, sous ce pseudonyme, elles vont produire pas moins de vingt-huit pièces et huit recueils de poésie. Et quelques auteurs importants notamment pour elles, dont Swinburne, Oscar Wilde et, malgré son indiscrétion, Robert Browning, vont continuer à les tenir en grande estime. Par ailleurs, leurs journaux intimes, qui couvrent vingt-six années de vie commune et passent tout en revue, de leur travail à leur regard sur le monde, restent un témoignage unique.

Les Fields ou les Michaels, comme leurs amis les appellent, quittent Bristol pour aller vivre dans le Surrey. Malgré certaines critiques, voire quelques railleries sur leur compagnonnage, elles demeurent persuadées de la force de leur génie lyrique. Elles vivent comme elles écrivent ou le contraire, éprouvant presque dans leur chair, au fur et à mesure de leur élaboration, les sentiments de leurs personnages. Une sorte d'hypersensibilité, un bouillonnement qui peut aller, notamment chez Edith, jusqu'à un don de voyance. Celle-ci « voit » son père mort au moment même où elle lit sa lettre l'informant d'un projet d'escalade en montagne – où il va bel et bien disparaître quelques jours plus tard. Elle « voit » aussi, juste après que sa mère a rendu son dernier soupir, son esprit se lever et venir s'asseoir près d'elle.

Deux femmes qui ont réussi une telle osmose dans leur vie et leur poésie ne pouvaient être séparées.

Lorsque Edith, la plus jeune, meurt d'un cancer, Katherine, atteinte presque aussitôt de la même maladie, ne lui survit pas plus de six mois.

Mademoiselle Ernst

Victoria Benedictsson, alias Ernst Ahlgren

« Je suis une femme. Mais je suis un auteur – ne suis-je donc pas aussi un peu un homme[1] *? »*

Parfois la vie prend le pas sur l'œuvre ; plus flamboyante ou tragique, elle peut complètement l'éclipser. Dans le cas de Victoria Benedictsson, sa fin brutale a non seulement hanté ses contemporains, mais se démarque encore maintenant de manière obsédante. Se trancher la gorge d'un coup de rasoir en tenant de l'autre main un miroir pour ne pas se rater atteint un paroxysme de violence inégalée, a fortiori pour une femme de son époque. Ayant été considérée de son vivant comme l'une des plus importantes écrivaines du naturalisme suédois, elle n'a pu éviter l'amalgame avec les héroïnes de ses

1. Ernst Ahlgren, janvier 1888, cité in Christina Sjöblad, « I want to write about women », *The History of Nordic Women's Literature*, KVINFO, publié en anglais en 1997.

confrères scandinaves, dont on a voulu faire d'elle l'épigone. Mais c'est précisément le contraire. Strindberg s'en inspire dans *Mademoiselle Julie* qui commet le même acte. Tout comme le personnage d'*Hedda Gabler* d'Ibsen, imaginé deux ans plus tard, qui, elle, se tire une balle dans la tempe. C'est dire si le suicide de Victoria a marqué les esprits.

Pourquoi est-elle si peu connue en France alors que la force de ses textes, son regard sur le rapport entre les sexes sont toujours d'actualité ? Trop différente, inclassable, celle qui déclarait : « *J'ai le cerveau d'un homme dans le corps d'une femme*[2] » n'est jamais là où on l'attend. Malgré la brièveté de sa carrière, on la redécouvre aujourd'hui petit à petit.

Née en 1850 dans un village de Scanie dans le sud de la Suède, la jeune fille élevée comme un garçon par son père vit surtout dehors où elle galope, apprend à se battre et à tirer à la carabine. À la maison, en revanche, sa mère veille à lui enseigner la broderie, la couture et le piano, et surtout à obéir aux règles et plus particulièrement à celles de Dieu. En complet désaccord sur son éducation, ses parents déjà âgés, quarante-trois ans pour elle et quarante-neuf pour lui, finissent par se partager les horaires pour s'occuper d'elle – ses deux sœurs aînées et son frère ont déjà quitté le foyer à sa naissance. Six heures par jour de liberté avec l'un, six heures de contrainte avec l'autre : de quoi être en conflit avec soi-même. Et avoir du mal à trouver sa place.

---

2. Elisabeth Åsbrink, *My Beautiful Big Hatred : A Biography of Victoria Benedictsson*, Polaris, 2023.

Après avoir pris des cours de dessin, la jeune femme rêve d'étudier à l'Académie des Beaux-Arts de Stockholm. Elle obtient même un emploi de gouvernante et économise trois ans durant afin de s'installer dans la capitale. Mais son père s'y oppose à deux reprises, même si, depuis 1864, s'est ouvert un département pour femmes à l'Académie. Comment se libérer des interdictions familiales ? En épousant le premier qui passe. C'est un maître de poste et directeur d'une banque privée, de vingt-huit ans son aîné, veuf et père de cinq enfants. Un choix à l'exact opposé de ses besoins d'indépendance. La confrontation avec les devoirs conjugaux n'est évidemment pas à la hauteur de ses attentes et elle comprend vite son erreur tant sa vie dans le petit bourg est triste et sans perspective. Le couple va avoir ensemble deux filles, dont l'une meurt rapidement après sa naissance. Victoria va exprimer par la suite une réelle affection pour l'une de ses belles-filles et un désintérêt total pour la sienne. En 1876, un journal accepte son premier roman, *La Sirène,* découpé en épisodes, et pour lequel elle utilise un curieux pseudonyme : « Tardif », peut-être pour se justifier à ses propres yeux de la lenteur de sa production. Déjà émerge une thématique qui sera au centre de ses préoccupations. Isabella, son héroïne, délibérément peu féminine, et critique envers son propre sexe, se rebelle aussi contre la mainmise des hommes.

La venue d'un Américain d'origine suédoise avec lequel Victoria peut enfin converser lui apparaît comme une bouffée d'air frais dans le monde étriqué où elle vit. Mais celui-ci s'en repart comme il est venu. Au même moment, elle est atteinte d'une inflammation de la jambe (une fistule artérioveineuse) qui la cloue au lit et la fait souffrir. À trente-deux ans, elle doit rester alitée près d'un an. Au moins a-t-elle du temps pour poursuivre ce qui lui tient à cœur depuis plusieurs années. Elle commence à rédiger ce qu'elle va appeler son *Grand Livre*, une sorte de journal intime dans lequel, outre ses états d'âme, elle trace les grandes lignes de ses projets littéraires. Elle a également mis au point une sorte d'alphabet alternatif destiné à chiffrer ses pages, un exercice qu'elle affectionne et pour lequel elle fait preuve d'une réelle dextérité, que ce soit dans l'écriture ou dans la lecture. L'idée étant de se protéger de toute indiscrétion.

En 1884, paraît *De Scanie*, un recueil de nouvelles, où elle s'essaie à une forme beaucoup plus réaliste, qui reflète son expérience quotidienne : la vie dans une petite ville ou à la campagne dans une ferme issue de ses propres expériences. Elle signe Ernst Ahlgren, son nom de plume définitif, même si pendant pas moins de huit ans, elle en a égrené au moins cinq. L'une de ses nouvelles a été précédée dans la presse d'une flatteuse présentation de « l'auteur » en le désignant comme celui avec lequel il faudra compter parmi la nouvelle génération. Le succès public est immédiat, même si personne ne peut se douter qu'il s'agit en réalité d'une femme mariée, mère de six enfants.

Elle collabore également à plusieurs journaux en proposant des articles qu'elle illustre avec des découpages de papier, ou des « silhouettes » comme il est d'usage de les appeler. En 1885 est publié ce qui reste aujourd'hui comme son grand classique, *L'Argent,* un roman d'apprentissage. Le personnage de Selma, qui voudrait être artiste, va être poussée très jeune à épouser un riche propriétaire. « *Végéter et mourir – c'était la vie qui l'attendait*[3]. » On la suit sur le chemin parsemé d'obstacles vers son émancipation. Face à ce destin, elle va d'abord obtenir une « chambre à soi », et va lentement comprendre à quel point l'argent est indispensable à son autonomie.

D'un coup, la notoriété s'impose, et avec elle, forcément, la révélation de son identité. Autant vivre alors pour de bon la vie d'Ernst Ahlgren et se comporter comme un homme qui discute littérature avec ses pairs et agit de manière indépendante. À trente-cinq ans, elle laisse derrière elle sa famille et part pour Stockholm.

Là-bas, on la surnomme « frère Ernst », tandis qu'elle se débarrasse peu à peu de ses artifices féminins pour se composer un personnage habillé en noir – même si elle porte encore ses robes –, les cheveux tirés et l'air sévère. Celle qui se sent comme un « *paria, un chien galeux* » est la seule parmi les récents auteurs à recevoir une bourse de l'Académie suédoise. Son ami August Strindberg commence à s'éloigner d'elle, sans doute jaloux de sa bonne fortune.

Au-dessus de la mêlée éditoriale, règne alors une figure notoire, Georg Brandes, un important critique

3. Victoria Benedictsson, *L'Argent,* Clichy, Cupidus Legendi, 2019, trad. fr. V. Dulac.

danois, théoricien des mouvements littéraires scandinaves. Victoria, qui se rend à Copenhague, fait sa connaissance, honorée de lire sous sa plume des commentaires élogieux. Mais Brandes est difficile à cerner, il ne partage pas les opinions sur le mariage et la sexualité qu'elle aborde dans ses textes. Pourtant, elle tombe amoureuse. Si étreintes il y a, elle se refuse toujours à lui. Il se lasse.

Lorsque paraît son roman *Madame Marianne*, l'histoire d'une Emma Bovary à la suédoise qui évoque à nouveau une relation de couple sous domination masculine, elle découvre une mauvaise critique du frère de Brandes dans un quotidien national. Puis un commentaire négatif de Brandes lui-même qui range son ouvrage dans la catégorie « livre pour dames ». Dans son *Journal*, elle note lapidairement : « *On a prononcé une sentence de mort contre mon travail et peut-être contre moi-même*[4]. »

Pourtant, de retour à Copenhague, elle revoit celui qu'elle appelle son « *bourreau cruel* » et se donne à lui. La suite est à son image, énigmatique, paradoxale, excessive et tragiquement romanesque.

Elle rate une première tentative de suicide par surdose de morphine, puis se rend à Paris où elle semble se ressaisir, travaille à un nouveau roman. Mais à l'été 1885, dans cette même chambre d'hôtel à Copenhague où elle ouvrait sa porte à Brandes, elle achète un rasoir et commet ce geste qui fera d'elle une figure littéraire.

---

4. Elisabeth Åsbrink, *My Beautiful Big Hatred : A Biography of Victoria Benedictsson*, *op. cit.*

L'annonce de sa mort est un séisme. Elle a confié ses écrits à son grand ami et confident, Axel Lundegård, avec pour seule consigne qu'il en fasse « *l'usage qu'il souhaite* ».

Quelques semaines plus tard, Strindberg envoie le manuscrit de *Mademoiselle Julie* à son éditeur. Il a trouvé la bonne fin.

Lorsque Brandes publie ses souvenirs, elle figure à peine en note de bas de page.

La toute première superhéroïne était française

Renée Gouraud d'Ablancourt, alias René d'Anjou

« Il me semble qu'en m'élevant, je lâche la matière, je quitte l'humanité[1]. »

Elle déploie les ailes accrochées à ses bras et s'envole. Une petite hélice actionne l'armature de sa combinaison noire qu'elle appelle son « *lady-bird* », un costume moulant muni de « *parapluies en faisceaux* » grâce auquel elle peut « *nager dans l'air* », à l'instar des oiseaux, en plané ou en piqué. Cette oiselle au corps fuselé s'appelle Véga et elle est dotée de plusieurs pouvoirs extraordinaires : elle ne ressent pas la peur, possède des « *tubes de vie* » pour renforcer son endurance, une cape d'invisibilité et sait lire dans les pensées. Elle est surtout la première

1. René d'Anjou, *Véga la Magicienne*, chap. 3 puis chap. 1 pour les citations suivantes, Wikisource.

superhéroïne de l'histoire de la littérature. Écrite par une femme avec un pseudonyme d'homme.

Ce personnage est né dans l'esprit d'une dame très comme il faut, propriétaire successivement de deux châteaux en Anjou – qui lui ont certainement servi d'inspiration pour ses péripéties rocambolesques. Elle a commencé très tôt à écrire et ne s'est jamais vraiment arrêtée, même en devenant une châtelaine chic et l'épouse d'un riche propriétaire d'une usine à papier nantaise. On ne dispose que d'une rare photo d'elle, le visage sérieux sous un chapeau extravagant et emplumé – noblesse oblige, puisqu'elle a décidé de reprendre le patronyme à particule de sa mère pour l'ajouter à son nom d'épouse. Elle signe donc Gouraud d'Ablancourt pour ses récits documentés sur des figures historiques ou religieuses, un gage de sérieux au vu de ses sujets. En revanche, elle réserve ses histoires plus fantaisistes à son nom de plume, René d'Anjou.

Le vrai, la figure illustre, le « bon roi René », un homme de la Renaissance, a peu brillé par son action politique, car il s'est consacré à la poésie et à la peinture, au milieu d'une cour raffinée. Ce choix chez elle marque sa volonté de se rattacher à la fois à cette aristocratie à laquelle elle tient, et à la région où elle est ancrée. La raison d'un pseudonyme masculin ? Sans doute, comme pour la plupart de ses consœurs, afin ne pas être contestée dans son exercice.

Elle publie son *Oiselle* dans la presse féminine, puis sous la forme d'un roman-feuilleton dans un quotidien local, avant le roman en tant que tel trois ans plus tard. En général, ses récits trouvent leur place dans la dénommée « Collection des romans populaires » à vingt centimes, de la Bonne Presse, une maison catholique sérieuse (futur groupe Bayard) destiné à des distractions saines et inoffensives, à défaut de promouvoir l'esprit chrétien.

Son livre, *Véga la Magicienne*[2], date de 1909, bien avant que ne fleurissent les superhéros outre-Atlantique dont la renommée s'est imposée à partir des années 1930. Il se situe dans le courant du « merveilleux scientifique » qui jette les bases du roman d'anticipation à venir. Au début de ce XXe siècle, les progrès sont tels qu'ils influencent l'imaginaire, il suffit de pousser les curseurs d'une loi physique ou chimique pour en entrevoir les répercussions possibles et jusque-là encore inconcevables. Comme la toute récente découverte des rayons X qui permettent de voir à l'intérieur du corps humain et de révéler l'invisible par des ondes pénétrantes. La question de la luminescence est tout à fait d'actualité pour la jeune Véga qui parvient à voir des « *corps fluidiques invisibles* » grâce à l'étendue améliorée de ses perceptions. Elle puise les pouvoirs qui pourraient lui manquer dans une sorte de pharmacie portative où sont rangés des comprimés pour non seulement braver les maladies, mais aussi gagner en énergie et en force. Grâce à des rayons « surterrestres », elle est même capable de voir loin dans l'espace interstellaire.

---

2. *Véga la Magicienne* a été republiée avec une postface de Jean-Luc Houdu, Ed. Banquises et Comètes, 2022.

À cette époque, les premiers planeurs, inspirés par les chauves-souris, ont fait leur apparition et vont vite se doter de moteurs. À défaut de pouvoir transporter des personnes, ils donnent des idées de spectacles inédits dans des cafés-concerts ou des parcs d'attraction parisiens. Et quoi de plus phénoménal pour attirer les chalands que des corps qui paraissent défier la gravité, surtout si ce sont des femmes en tenue de danseuses ?

C'est ce qui explique la vogue de ces « femmes volantes », retenues par des câbles à peine visibles, créant l'illusion de voguer dans les airs. L'une d'elles a même été baptisée d'un faux nom savant, « l'Aérogyne » (à proprement parler la femme dans l'air) et de fait, elle apparaît en suspension, chevelure flottante, au-dessus des spectateurs. De son côté, le réalisateur Georges Méliès dans la série de ses *Voyages à travers l'impossible* a également tourné un court-métrage mettant en scène une danseuse dont le corps ne connaît plus de pesanteur et peut se tourner dans tous les sens, tête renversée et pieds en l'air. Grâce à ses ingénieuses machineries, une nouvelle féerie est enfin possible.

Six ans plus tard, un autre personnage se rapprochera de la jeune Véga. Dans la série en dix épisodes, *Les Vampires* de Louis Feuillade, Musidora, une souris d'hôtel en combinaison noire, combat les criminels. Mais Véga n'a rien d'une femme fatale, elle est innocente, à peine sexuée et les sentiments amoureux qu'elle éprouve restent très chastes – comme il le faut pour son sage lectorat. À sa manière, son personnage emprunte un autre sillon, celui d'un surnaturel romanesque qui, de chapitre en chapitre, au fil d'incessants rebondissements, révèle ses « *vertigineuses prouesses* ».

Originaire de l'île fictive de la Stella Negra en Méditerranée, un lieu où des recherches sophistiquées sont susceptibles de transformer l'avenir, la jeune fille a été élevée par une secte secrète dont les membres s'appellent les Compagnons de l'Étoile noire (ce qui n'aurait pas déplu à Hergé). Deux romans précédents – *L'Alchimiste Fédor* et *Intuitif Amour* – évoquent toutes les épreuves nécessaires pour braver cette mystérieuse société dont le signe de ralliement est une étoile de diamant noir aux pointes de rubis. Celui qui pense pouvoir les affronter « *est emprisonné en un cercle de douze épées dont la pointe semble flamber* » sur sa poitrine et dont il doit se dégager. Mme Gouraud d'Ablancourt ne craint jamais les péripéties aussi fantasques qu'improbables.

À l'instar de son héroïne, la femme-oiseau qui cherche à percer le mystère de ses origines, Renée Gouraud d'Ablancourt aurait certainement aimé déchiffrer davantage l'histoire des siennes. En effet, si elle se targue d'être une descendante du côté maternel des d'Ablancourt – un nom qui remonterait à une personnalité connue dans l'entourage de Louis XIV –, elle est surprise de découvrir que sa grand-mère a été une enfant abandonnée. À force de se projeter dans le futur, le passé ne pouvait que revenir en force.

Par chance, les héros ne meurent jamais. Et les superhéroïnes, elles, sont tout aussi éternelles. Wonder Woman, Batgirl et autres Fantômette peuvent s'incliner devant leur figure tutélaire : l'Oiselle !

Pour l'honneur des femmes

Jeanne Loiseau, alias Daniel-Lesueur

« Votre nom ? Votre nom d'écrivain...
Un pseudonyme qui pèche plutôt
par sa simplicité[1]... »

Un peu décontenancée sur le moment par la requête, et sans trop y réfléchir, Jeanne Loiseau s'improvise une nouvelle identité. Face à elle, son éditeur ne lui laisse pas le choix ; il connaît le marché et sait que son roman aura plus de chance sous un nom d'homme. La jeune femme âgée de vingt-huit ans a déjà publié un recueil de poésie, couronné par un prix de l'Académie française, mais elle ne veut pas se limiter à ce seul domaine. Elle choisit donc Lesueur, le nom de famille de sa mère, et Daniel comme prénom, d'après celui de son grand-oncle, Daniel O'Connell, le célèbre nationaliste irlandais. Un fier héritage dont elle se réclame et

1. Daniel-Lesueur, *Le Cœur chemine*, Paris, Édition elzévirienne, Gutenberg Ebook, 1903.

qui augure sans doute la combativité de son parcours. Personne ne sera dupe de cette façade. Heureusement pour elle, elle va remporter de nombreux prix qui vont la crédibiliser. Plus tard, pour éviter qu'on l'appelle « Madame Lesueur », elle ajoute un tiret entre son nom et son prénom.

Quitte à prendre un pseudonyme, elle aurait sans doute préféré un nom plus romanesque, mais elle va s'y tenir.

Jeanne Loiseau vient d'une famille tristement déclassée. Son père, inventeur, accusé de contrefaçon, n'a pas réussi à se relever financièrement du procès qu'il a perdu. Il s'éclipse du jour au lendemain, laissant derrière lui une famille de cinq enfants, sans s'embarrasser des conséquences. D'origine irlandaise, sa mère envoie Jeanne en pension au Royaume-Uni, où la jeune fille apprend l'anglais. Obligée de gagner sa vie, elle va donc enseigner. Puis elle écrit. Vite. Beaucoup. Les romans s'enchaînent, avec une traduction des œuvres complètes de Lord Byron, en même temps que des chroniques et articles dans la presse. Les prix suivent presque au même rythme. Ceux de l'Académie française notamment, qui va la couronner en 1905 pour « *l'ensemble de son œuvre littéraire* », distinction rarissime pour une femme – jusque-là seules deux d'entre elles ont eu ce privilège… en partage avec des hommes. Elle est aussi la première autrice à recevoir la Légion d'honneur.

En revanche, elle a plus de mal à être acceptée par la Société des Gens de Lettres – l'accès aux femmes depuis sa création est resté très limité et difficile par définition. Lorsqu'elle se présente en 1891, pourtant sous les auspices de deux parrains prestigieux, François Coppée et Camille Flammarion, sa candidature est rejetée. Pour elle, c'est « *la femme, et non la femme de lettres*[2] » qui l'a été. Un an plus tard, enfin admise, elle postule pour entrer au comité. Il faudra encore quelques années pour y parvenir – elle sera la deuxième femme après George Sand. Pour elle, il ne s'agit pas d'une position honorifique, elle veut vraiment agir et faire progresser les mentalités au profit de ses consœurs. Elle en devient ensuite secrétaire, puis vice-présidente.

Au fil de ses quelque trente-cinq romans, et malgré les titres « fleur bleue » de certains de ses ouvrages, elle s'attaque aux discriminations qui règnent sur la vie sociale et conjugale des femmes. Dans ses thèmes récurrents : la confrontation entre leurs espoirs et la plate ou brutale réalité du mariage, mais aussi les préjugés et les dénigrements excessifs qui pèsent sur leur sexe.

Daniel-Lesueur est un curieux cas, tant elle réussit à mêler les genres. On la catalogue principalement dans le roman sentimentalo-populaire de qualité, mais elle réussit aussi à imposer des récits plus ambitieux et littéraires. D'un côté, le romanesque, la péripétie, les coups de théâtre, le suspense et une réjouissante vitalité. De l'autre, des analyses psychologiques fouillées, une langue plus travaillée et

2. Cité in Alain Janicot, Laurence Frabolot, *Jeanne Loiseau dite Daniel-Lesueur : la redécouverte d'une gloire littéraire*, in Diplômées, Persée, 2020.

exigeante. Elle se fait même un point d'honneur à refuser les « *phrases informes*[3] », estimant que le lecteur a droit à un style travaillé. « *Je prends le temps de devenir brève* », explique-t-elle, car il lui faut toujours « *réviser, corriger, réfléchir*[4]. » Le principe du feuilleton payé à la ligne ne doit pas changer la donne pour celle qui ne veut rien ajouter qui ne soit absolument pesé et nécessaire.

La fluidité de ses récits lui permet en outre de faire passer des idéaux et d'en découdre avec la misogynie ambiante. Féministe convaincue – et ses engagements le prouvent –, elle met en place des personnages féminins indépendants et volontaires – un tour de force à l'époque. Dans son roman le plus marquant, *Nietzschéenne*, son héroïne se bat contre les jugements moraux à son encontre et tente, selon les préceptes du philosophe allemand, de surmonter ses propres faiblesses pour s'élever vers ce qu'elle a de meilleur en elle. Ce qui, très clairement, signifie qu'elle s'oppose aux discours dominants. Là aussi, Daniel-Lesueur dynamite de l'intérieur les idées reçues sur l'infériorité supposée des femmes.

Quel est leur rôle au sein de la société, outre celui qui leur est assigné, voici un autre point sur lequel elle revient tout aussi régulièrement dans ses articles. Elle collabore notamment à *La Fronde*, le journal féministe dont l'équipe est exclusivement féminine, et ce depuis le début, à raison de chroniques régu-

3. Daniel-Lesueur, *La Fronde*, 9 février 1900.

4. Daniel-Lesueur, in Yves-Olivier Martin, *Histoire du roman populaire en France*, Paris, Albin Michel, 1980.

lières, pendant ses six années d'existence. Elle s'essaie également au théâtre avec plusieurs pièces décrites comme « *hardies* », et fait partie des noms qui émergent dans le récent « Théâtre féministe », une salle destinée à accueillir les œuvres de femmes et à soutenir leurs revendications [5]. Y est joué *Hors du mariage*, un plaidoyer pour les filles-mères dont la cause lui tient particulièrement à cœur.

Pendant l'Exposition universelle de 1900 où se tient le Congrès du commerce et de l'industrie, elle est choisie pour écrire un rapport sur la répartition entre hommes et femmes au sein des mêmes professions. Sous le titre de *L'Évolution féminine*, ses propositions audacieuses et égalitaires sont ensuite publiées dans *La Fronde*. Cette pionnière des droits de la femme est enfin membre du jury de la Vie heureuse dont elle va être la présidente une seule année.

Avec un tel palmarès, pourquoi l'histoire a-t-elle oublié Daniel-Lesueur ? Un journaliste contemporain de son temps a émis l'idée qu'elle aurait fait une tout autre carrière si elle était née homme. Certes, la postérité est capricieuse, mais on peut légitimement se poser la question pour celle qui a tant contribué aux avancées de la cause des femmes.

---

5. Marya Chéliga, une écrivaine polonaise, en est la fondatrice.

Une Anglaise à Florence

Violet Paget, alias Vernon Lee

« Je suis, paraît-il, un spécimen plus ou moins réussi de ce fameux troisième sexe auquel l'avenir offre tant de besogne et si peu de considération[1]. »

Figure singulière entre deux siècles, Vernon Lee est d'abord une Européenne de cœur et d'âme. Née en France, de nationalité britannique, elle vit dans plusieurs pays, dont l'Allemagne et la Suisse, puis va s'implanter en Italie pendant plus de quarante-cinq ans. Le pli est pris dès l'enfance avec sa famille qui déménage tous les six mois. Leur style de vie pourrait s'apparenter à celui de riches aristocrates passant d'une villégiature à une autre. Mais leurs moyens sont bien plus modestes, puisqu'ils s'installent dans de simples meublés, en ville ou dans des

1. Vernon Lee, Lettre à Augustine Bulteau, 29 janvier 1904 in Sophie Geoffroy, *Lettres choisies de Vernon Lee, 1856-1935*, http://eman-archives.org.

auberges à la campagne. Le plus curieux, comme elle le raconte, est qu'ils ne prêtent jamais une attention particulière aux sites choisis. Ici ou là, leur vie se déroule de la même manière, ils ne varient ni leurs habitudes ni leurs activités, et se montrent peu curieux des lieux qu'ils traversent.

Ils n'ont rien du *voyageur sentimental*, selon la typologie établie par l'écrivain Laurence Sterne au XVIIIe siècle qui aurait pu les ranger parmi les « inconséquents » ou les « irrationnels ». Les parents de celle qui s'appelle encore Violet n'aiment rien tant que l'idée du déplacement. Cette manie vient sans doute de son père, Henry Paget. C'est lui qui, apparemment, décide de leurs destinations en fonction de ses seules envies de pêche ou de chasse. Chaque fois, dès leur arrivée, il pense déjà au prochain départ. D'origine française, il vit enfant en Pologne, puis revient à la fin de ses études en Angleterre. De son côté, Matilda, la mère de Violet, quitte le pays de Galles d'où elle est originaire. Elle se marie d'abord à un capitaine, avec lequel elle a un fils, Eugène Lee-Hamilton, encore petit à la mort de son père. Lors d'un séjour en France, Matilda cherche un précepteur de langue anglaise. C'est ainsi qu'elle croise la route d'Henry Paget, devenu son second époux.

L'éducation de la jeune Violet n'a rien de traditionnel. Enfant prodige, elle parle et écrit parfaitement l'anglais, le français, l'italien et l'allemand, se montrant vite capable de comparer les différentes traductions des *Chants* de Dante. Outre sa mère qui lui enseigne la musique et la littérature selon ses auteurs favoris du XVIIIe siècle, elle bénéficie du tutorat de ses gouvernantes, ainsi que de la sollicitude de son demi-frère, de onze ans son aîné. Curieux personnage que ce « Bruder », ainsi qu'elle surnomme Eugène Lee-Hamilton. Accepté à Oxford, il préfère écrire des sonnets plutôt que de finir ses études, puis se tourne vers la diplomatie en obtenant un poste à l'ambassade anglaise de Paris. Toujours très présent pour sa sœur cadette dont il surveille les progrès, il est brutalement frappé, à l'âge de vingt-huit ans, d'une paralysie foudroyante qui va durer près de trente ans. Jusqu'au jour où, à cinquante et un ans, il se relève, se remet à vivre et se marie avec une romancière américaine. La médecine n'a jamais trouvé d'explication pour ce mal qui l'a terrassé si longtemps et l'a fait si terriblement souffrir.

Lorsque Violet a douze ans, ses parents, alors de passage à Rome, se lient d'amitié avec une famille américaine dont le fils, le futur peintre John Singer Sargent, a le même âge qu'elle. La mère de ce dernier les entraîne tous deux à sa suite, dans les musées, les théâtres, à l'Opéra, et permet à la presque adolescente d'accéder enfin à l'essence de ce qu'elle va caractériser plus tard comme le « *genius loci* » ou « *l'esprit des lieux* ». Une manière de devenir cette « *voyageuse sentimentale* » chère à Laurence Sterne, en mesure de privilégier l'apprentissage du regard, de trouver l'essence de la beauté, ou d'en apercevoir les secrets cachés.

Elle se passionne en particulier pour le XVIIIe siècle et, selon les étapes familiales au gré des villes italiennes, s'acharne à récolter le plus d'informations possibles dans les bibliothèques. À treize ans, en français, la jeune fille publie dans un journal suisse une nouvelle intitulée *Les Aventures d'une pièce de monnaie*. Elle fait parler une pièce frappée à l'effigie de l'empereur Hadrien, qui passe successivement entre les mains d'un gladiateur, d'un sculpteur romain, puis d'un chrétien. Un artiste de la Renaissance en hérite, puis elle sert à payer le jeune Mozart qui se produit à Rome. Un long périple qui s'achève enfin chez un numismate.

Violet s'attelle également à l'écriture d'articles, notamment des portraits sur des romancières anglaises. Et, très vite, choisit de prendre un pseudonyme. Violet Paget devient alors Vernon Lee. Plus précisément H. P. Vernon Lee, avec deux initiales qu'elle va ensuite supprimer. *Lee* vient du nom de famille de son demi-frère, et *H.P.* des initiales de son père. Un patronage qu'elle a souhaité sous l'égide des deux hommes de sa famille. Quant à Vernon, c'est un prénom masculin qu'elle préfère largement au sien, trop fleuri à son goût, même si dans sa vie personnelle, elle va signer indifféremment Violet ou Vernon.

Cela va aussi avec son aspect physique dont elle accentue le côté masculin. Elle porte des cheveux courts à la garçonne, des lunettes épaisses et des vêtements d'homme. Par ailleurs, elle passe pour une femme « *plus que modérément laide* », comme l'affirme William Rossetti, un critique littéraire. Henry James, avec lequel elle va avoir un contact privilégié, met sur le même point ses traits, disgracieux selon lui, et la faconde excessive dont elle fait preuve. Ce qui signifie qu'elle a beau être brillante, elle devient vite fatigante. Difficile pour toute femme d'échapper à des considérations sur son physique.

De quinze à vingt ans, elle entreprend de très sérieuses recherches qui vont déboucher sur un livre de référence : *Études sur le dix-huitième italien,* un ensemble d'essais sur l'effervescence artistique du siècle en question, avec deux axes principaux sur la musique et le théâtre. Son ouvrage, très bien accueilli, est salué comme l'un des plus « *fascinants* » sur le sujet qui existe. Il est évident qu'elle n'aurait pas attiré l'attention si elle avait gardé son nom. « *Je suis persuadée que personne ne peut lire les écrits d'une femme sur l'art, l'histoire ou l'esthétique autrement qu'avec un mépris absolu*[2] », se confie-t-elle dans une lettre

Le pire pour elle est d'être cataloguée comme une « femme qui écrit ». Dans une autre lettre, elle s'en plaint vivement : « *Pourquoi faut-il toujours qu'on compare les écrivaines les unes aux autres, et que, quelles que soient leurs différences, on les mette dans un même panier... À mon avis, une poétesse est plus proche d'un poète que d'une romancière*[3]. »

Elle échappe aussi aux catégories dans lesquelles on voudrait l'enfermer dans sa vie privée. Ainsi, elle n'a jamais voulu reconnaître ouvertement son homosexualité, même si elle a eu plusieurs liaisons avec des femmes. Parmi elles, la poétesse Mary Robinson, rencontrée lorsqu'elles avaient toutes les deux un début de vingtaine. Après sept années de relation, le mariage de celle-ci avec un linguiste et professeur

2. Vernon Lee, Lettre à Henrietta Jenkin, 18 décembre 1878.
3. Vernon Lee, Lettre à Augustine Bulteau, *op. cit.*

au Collège de France va dévaster Vernon. Mais aussi, la peintre et théoricienne de l'art Clementina Anstruther-Thomson, surnommée Kit, avec laquelle elle a entrepris d'étudier les vibrations du corps lorsque l'esprit est absorbé par la vue d'une œuvre, comme une autre version du syndrome de Stendhal. Sa compagne va tenir un carnet et noter ses propres réactions, des battements de cœur au rythme de la respiration et à ses tensions musculaires.

C'est lorsque son demi-frère tombe malade que la famille se fixe cette fois à Florence, puis à l'extérieur de la ville, dans la villa « Il Palmerino », sur la colline de Settignano, non loin de Fiesole. La même villa où Vernon Lee restera jusqu'à la fin de ses jours et où elle va recevoir une société cosmopolite. La liste de ses invités est impressionnante, allant de têtes couronnées, comme l'impératrice Eugénie à des ladies anglaises de renom en passant par de nombreux écrivains. Qui tous font état des mêmes observations sur la conversation brillante et l'esprit agile de Vernon Lee. Elle va entretemps s'occuper aussi de son frère, organisant pour lui de nombreuses visites, notamment celle d'Oscar Wilde, un admirateur de la poésie d'Eugène Lee-Hamilton.

Les rapports avec Wilde se sont quelque peu compliqués depuis qu'elle a écrit son premier roman *Miss Brown,* une forme de critique du milieu d'esthètes dont elle fait pourtant partie. Wilde n'a pas aimé la description de son personnage qu'il trouve trop caricatural. Quant à Henry James, à qui *Miss Brown* est dédié, son opinion n'est pas plus favorable et il s'en ouvre à elle avec fermeté. Si au début elle semble bien le prendre, elle va se venger plus tard dans une nouvelle où, comme pour Wilde, elle égratigne l'écrivain anglo-américain, le « *saint patron du raffinement cosmopolite* ». James et Lee finissent par se fâcher et par s'éloigner l'un de l'autre.

En dehors de ses essais sur l'esthétique, Vernon Lee se risque aussi dans ses nouvelles à une veine fantastique. Elle publie dans plusieurs langues et parfois s'autotraduit, indifféremment, du français à l'anglais ou l'inverse. Ses parutions se suivent à bon rythme, brassant théâtre, drame musical, romans, essais de critique littéraire. Lorsque la situation se trouble à l'approche de la Première Guerre mondiale, cette intellectuelle qui s'est aussi définie comme pacifiste cherche encore à dépasser les frontières. Et se confronte aussi aux préjugés sociaux qui obstruent le chemin de la condition féminine. Un combat qu'elle poursuivra jusqu'au bout.

Madame Monsieur

Marguerite Eymery, alias Rachilde

> *« Que signifie un nom qui n'est, après tout, qu'un pseudonyme*[1] *? »*

À vingt-quatre ans, elle est sacrée « reine des décadents », mais hérite aussi du surnom de « Mademoiselle Baudelaire ». Rien de moins. Sur les photos, elle arbore un visage encore rond mais volontaire, une « *lèvre dédaigneuse*[2] » et une fleur à la boutonnière de sa redingote. En un « *coup de plume* », elle a obtenu l'autorisation de la préfecture de police de Paris de s'habiller en homme, à « *ses risques et périls*[3] » en cas de scandale sur la voie publique. Elle s'est aussi coupé les cheveux et a offert sa longue chevelure à un collectionneur fétichiste dont on dit qu'il est au

1. Rachilde, *Face à la peur*, Paris, Mercure de France, 1942.
2. Rachilde, *La Marquise de Sade*, Paris, Mercure de France, 1981.
3. Rachilde, *Quand j'étais jeune*, Paris, Mercure de France, 1981.

service du tsar de Russie. Sur sa carte de visite, elle a fait graver : « *Rachilde. Homme de lettres* ». Une profession de foi. Ou une déclaration de guerre ? Attention, elle parle d'elle au masculin, une habitude qu'elle ne perdra jamais. Au café Procope, elle fréquente Verlaine, le poète maudit et bohème, ou Villiers de L'Isle-Adam qui vient de publier ses *Contes cruels* dont on imagine aisément qu'elle les apprécie fort. Et pour cause !

Autour de cette jeune femme flotte une exhalaison sulfureuse. En 1884, son roman, *Monsieur Vénus,* paraît chez un éditeur spécialisé dans la littérature érotique en Belgique, pays supposément moins enclin à la censure que la France. Et pourtant, il n'échappe pas à une condamnation pour outrage aux mœurs et à une saisie de tous ses exemplaires. La jeune « pornographe » encourt en outre une importante amende et deux années de prison – en restant en France, elle ne s'exposera à aucune des deux peines.

Les critiques se déchaînent sur ce récit qui raconte une relation entre une aristocrate, Raoule de Vénérande (on appréciera son patronyme), et un homme du peuple, Jacques Silvert, au physique androgyne. Elle le domine socialement, intellectuellement, mais aussi sexuellement. Travestie elle-même en homme, Raoule le traite non pas comme son amant, mais comme sa maîtresse. Elle l'humilie, le transforme en esclave, imaginant des situations toujours plus dégradantes dans des scènes à la Sacher-Masoch. Après sa mort, elle va faire fabriquer un mannequin en cire à son effigie qu'elle pourra vénérer à sa guise.

Ce renversement des genres et des rôles traditionnels est tout à fait inédit de la part d'une écrivaine. Est-ce une mascarade grinçante ou une forme de perversion ? Cherche-t-elle délibérément à provoquer ou à scandaliser ? Les réactions auraient sans doute été moins vives si son livre avait été écrit par un homme.

Sur cette édition bruxelloise figurent deux noms, celui de Rachilde et celui d'un certain Francis Talman, resté inconnu. Elle l'a rencontré dans un cours d'escrime et lui a parlé de son projet. Il est supposé collaborer avec elle et surtout la protéger en cas d'attaque – il ne craint manifestement pas les duels. Mais à y regarder de plus près, il s'agit d'une explication plutôt fantaisiste, elle-même étant une excellente bretteuse. D'ailleurs, il ne contribue en rien à son roman. Peut-être ce coauteur fantôme n'a-t-il existé que dans son imaginaire – nul ne saurait l'affirmer. Francis Talman va être retiré de la future édition française en 1889.

D'où lui vient alors son étrange pseudonyme ?

Là encore, la jeune femme surprend. Née Marguerite Eymery au sein d'une propriété cossue du Périgord, avec pour père un officier et pour mère une héritière bourgeoise. Pour attirer l'attention de son père, la petite fille se comporte comme le garçon qu'il aurait aimé avoir ; elle monte à cheval, apprend le maniement des armes. Et tous les soirs, elle prie Dieu pour qu'Il lui fasse changer de sexe. À dix ans, elle est confrontée à l'amertume, ainsi qu'à la violence de son père, revenu de captivité après la défaite contre les Prussiens. En outre, il est défiguré par la variole. Elle subit également la dépression de sa mère qui se sent isolée en province. Face au délitement familial, il ne lui reste que la bibliothèque de son grand-père, directeur d'un journal périgourdin, où elle peut se servir à son gré ; elle se jette alors dans les œuvres du marquis de Sade et de Voltaire. Mais si ses parents ne prennent pas garde à ses lectures, ils lui interdisent de s'adonner à l'écriture. Une activité qu'elle s'empresse de pratiquer en cachette. Son premier conte paraît dans le journal local sous un autre nom pour ne pas les alerter. Un second récit met en scène un entretien avec le diable, traqué dans les rues de la ville. Décidément, la jeune fille promet !

À la maison, lorsque sa mère ne sombre pas dans ses humeurs délétères, elle s'adonne au spiritisme en famille. La mode s'est installée dès le second Empire, notamment depuis l'ouvrage du fameux Allan Kardec sur les tables tournantes et ses techniques pour communiquer avec l'au-delà. Au cours d'une séance familiale, Marguerite déchiffre prétendument lettre par lettre le nom d'un officier suédois du XVIe siècle, né dans un château au bord de la mer : « Rachilde ». En réalité, elle a sans doute découvert son existence en se plongeant dans des récits d'aventures militaires. Mme Eymery est persuadée que sa fille est désormais possédée par un esprit, à tel point que, plus tard, elle dira que ce n'est pas elle qui écrit, mais lui. Le plus drôle est qu'elle ne la croit toujours pas lorsque Marguerite confesse son subterfuge. Mais c'est par le biais de cette petite mystification romanesque que son pseudonyme s'est imposé.

Ce choix lui ressemble. Avec une consonance plutôt féminine, Rachilde se veut pourtant le reflet d'une identité masculine. À la même période, elle remarque qu'en se présentant sous ses habits féminins à un directeur de journal, elle n'obtient que des réponses condescendantes et vagues. Et lorsqu'en revanche, elle arrive en équipage de cavalier, le même directeur change de ton et lui montre beaucoup plus d'intérêt. Il pense avoir affaire à deux personnes, un frère et une sœur. De quoi affiner son futur personnage.

Grâce à un mot d'encouragement de Victor Hugo à qui elle a envoyé quelques pages, elle peut convaincre ses parents du bien-fondé de sa vocation. En 1879, elle monte donc à Paris pour tenter sa chance, accompagnée de sa mère. Une de leurs cousines dirige un hebdomadaire pour dames, *L'École des femmes,* où elle va commencer à travailler. Par le biais de Sarah Bernhardt, elle fait la connaissance d'un célèbre littérateur qui lui écrit une préface pour son premier roman. Elle publie ainsi *Monsieur de la Nouveauté*, l'impitoyable récit d'employés de grands magasins, au fil de leurs malheurs – trois ans avant *Au Bonheur des dames* de Zola ! Mais en dépit – ou à cause – de son pseudonyme intrigant, son livre ne remporte aucun succès.

Suivent des rencontres pleines d'espoir avec des directeurs de journaux qui se soldent au mieux par des coupes de champagne, au pire par des propositions plus égrillardes. Écœurée, elle veut se départir de tout ce qui la ramène à son sexe. Dans un roman à clés intitulé *Une décadente* de son amie Georges de Peyrebrune, l'héroïne qui est censée lui ressembler, s'exclame : « *Le hasard a fait de moi une femme, ma volonté a fait de moi un homme.* » D'ailleurs, pour les écrivains avec lesquels elle se lie, elle est un « *camarade de plume*[4] » au masculin qu'ils différencient des autres femmes. Comme si elle avait échappé au statut habituel de l'écrivaine en gagnant ses galons de créature bizarre et extravagante.

Les titres de ses prochains ouvrages parlent d'eux-mêmes, *La Marquise de Sade*, puis *Madame Adonis*, mais aussi *L'Animale, Les Hors Nature* ou *L'Heure sexuelle*. Son roman le plus étrange, empreint d'un fétichisme macabre, reste *La Tour d'amour*, publié en 1899. Délibérément, un vieux gardien de phare omet d'allumer le feu des lanternes afin que les navires s'échouent sur les côtes. Atteint de nécrophilie, il peut alors récupérer les belles naufragées qu'il va profaner. Il va ensuite porter des mèches de leurs cheveux sur sa propre tête.

On attendrait de Rachilde une vie personnelle aussi iconoclaste que ses ouvrages. Un rôle qu'elle tient parfaitement lorsqu'elle s'affiche au bal des Quat'z'Arts avec Jean Lorrain, habillé en lutteur avec un collant rose, ou quand elle se montre avec des prostituées à son bras. Elle ne dédaigne pas non plus se promener en tenant en laisse deux rats blancs qu'elle a baptisés Kyrie et Eleison.

---

4. George de Peyrebrune, *Une décadente*, Paris, BNF Data, 1886.

Mais le personnage décadent qu'elle cultive n'a rien à voir avec sa véritable personne. En la connaissant davantage, ses amis se disent troublés par son caractère beaucoup plus réservé et sage qu'elle n'en a l'air. Si chaste même, s'étonne Jean Lorrain. Et plus sensible qu'il n'y paraît. En comprenant que ses sentiments pour l'écrivain Catulle Mendès ne sont pas partagés, le choc est si violent qu'elle perd ainsi pendant deux mois l'usage de ses jambes.

Un soir enfin, au Bal Bullier, elle rencontre un dénommé Alfred Vallette avec lequel elle va se marier et avoir une fille. Il ne lui reste plus qu'à enterrer sa « vie de garçon ». Elle va se lancer avec Vallette dans l'aventure du *Mercure de France* – avec, comme secrétaire, le médisant Paul Léautaud. Rachilde devient alors éditrice, critique, reçoit les « mardis », ces réunions que Léon-Paul Fargue décrit comme « *célestes* ». Le plus souvent habillée de couleur mauve, les cheveux courts, jurant en fumant une cigarette, elle continue d'impressionner ceux qui ont la chance d'y être conviés. Comme le raconte Jules Renard, elle lit « *ses quarante volumes par mois... Bien qu'elle soit mordante, tous les auteurs, en effet, lui envoient leurs livres*[5]. »

Fidèle en amitié, elle est proche d'Alfred Jarry, comme elle soutient Oscar Wilde. Et continue de publier un ou deux livres par an, sans provoquer le scandale de ses jeunes années. Parfois sous le pseudonyme de Jean de Chilra (anagramme de Rachilde).

---

5. Jules Renard, *Journal*, Paris, Robert Laffont, 1990, coll. « Bouquins ».

En vieillissant, elle qui s'est longtemps définie comme une « *androgyne des lettres* » ne veut rien avoir à faire avec les mouvements d'émancipation des femmes. Elle était déjà très critique envers ses consœurs, à l'exception de Colette. En 1928, à soixante-huit ans, elle s'en explique dans *Pourquoi je ne suis pas féministe*, un brûlot réactionnaire au titre éloquent. Comme si elle voulait là encore renouer avec sa provocation d'antan. Elle qui, dans sa production baroque et scabreuse, n'a cessé de franchir les limites, s'attaque à ce qu'elle pense être la manifestation d'une nouvelle mode. De toutes façons, elle déteste les catégorisations, comme les dogmes. Elle se veut toujours contraire.

« *On a tort d'être une femme de lettres, il y a toujours mieux à faire*[6] », disait déjà celle qui meurt, seule et oubliée, à quatre-vingt-treize ans.

---

6. Rachilde, avant-propos de *Monsieur Vénus* suivi de *Madame Adonis*, Paris, Gallimard, 2024, coll. « Folio ».

Emma de la Barra, c'est moi

Emma de la Barra, alias César Duáyen

« Comment oser signer un roman ?
C'était m'exposer au ridicule
et aux commentaires[1] *! »*

Au printemps 1905, à Buenos Aires, une longue queue ne cesse de grandir devant une librairie. Badauds et curieux se mêlent à la foule dès qu'ils en apprennent la raison : un roman intitulé *Stella*, dont tout le monde parle et qu'on s'arrache, d'autant que la presse ne tarit pas d'éloges. À cette période, c'est encore suffisamment rare pour être mentionné, dans une ville qui compte moins d'un million d'habitants et où les livres ne dépassent pas une centaine d'exemplaires par titre.

Personne ne sait qui en est l'auteur, aucun nom n'apparaît sur la couverture. Pourtant, en trois jours,

1. Lydia Pinkus, « ¡ El autor es una dama ! Stella de Emma de la Barra », en *Revista de Filología y Linguística de la Universidad de Costa Rica*, 2000.

les mille exemplaires du premier tirage sont épuisés. Lorsque arrivent enfin les nouvelles réimpressions, elles sont signées cette fois par un certain César Duáyen, inconnu jusque-là. En deux mois, neuf éditions se succèdent et des traductions sont annoncées.

Pourtant, le mystère plane toujours.

Entre chaque tirage, des communiqués sont affichés afin de faire patienter les acheteurs. Les libraires sont même obligés d'engager des employés supplémentaires. Un tel succès entraîne nécessairement de nombreux débats. Interloqués, les écrivains attitrés, dont les ouvrages n'ont jamais suscité un tel engouement, sont très critiques. Pour être publié, chaque auteur de fiction doit lui-même prendre en charge les frais d'impression et céder 40 % de ses ventes au libraire qui va les présenter. De fait, aucune maison d'édition n'a réussi à s'implanter dans un pays où sont privilégiés majoritairement les textes scolaires ou universitaires.

Stella, sous-titré *Un roman sur les coutumes argentines*, raconte l'histoire de deux sœurs élevées en Europe qui, à la mort de leurs parents, ont été confiées à un oncle de Buenos Aires. Elles ont un caractère et des ambitions à l'opposé l'une de l'autre. Stella accepte d'épouser un riche bourgeois de leur milieu tandis qu'Alejandra, plus volontaire, refuse d'être maintenue dans les activités réservées à son sexe comme jouer du piano, chanter, broder ou coudre. En effet, elle veut se consacrer aux études et tracer son propre chemin. « *Vous croyez que nous, les femmes, sommes vraiment incapables de choses sérieuses*[2] *?* » s'exclame-t-elle tout en cherchant à prouver sa valeur.

L'auteur connaît manifestement le milieu qu'il décrit, cette élite favorisée et cosmopolite avec ses demeures fastueuses, ses dîners mondains, qui s'emploie surtout à ce que rien ne change. Notamment pour les femmes qui restent assignées à leur place, même si elles tentent de s'en affranchir. Le roman reflète leurs préoccupations au sein d'une époque en voie de modernisation, mais encore engluée dans le passé.

Le récit paraît si réel que les lecteurs se demandent s'ils ont affaire à un roman à clés. Et chacun d'essayer de découvrir qui se dissimule derrière tel ou tel personnage. L'auteur ne se résout pourtant toujours pas à sortir de l'ombre en dépit des spéculations qui vont bon train. Un gentleman anglais propose même une grosse somme à qui pourra lui procurer des pages du manuscrit. Il est finalement question d'un journaliste de *La Nación*, Julio Llanos. Car on l'a vu s'occuper des démarches auprès de l'imprimeur. Il s'en défend, mais la rumeur n'est pas tout à fait sans fondement. Car lorsque le nom est enfin dévoilé : il s'agit de… son épouse, Emma de la Barra. Elle a quarante-cinq ans, elle est veuve et vient juste de se remarier avec lui. *Stella* est son premier livre.

Elle est bel et bien née dans cette société traditionnelle qu'elle a dépeinte. Son père, lui-même journaliste, a fondé puis dirigé un journal à Rosario, où il est devenu sénateur. À vingt-quatre ans, la jeune femme a épousé son oncle Juan Francisco de

---

2. César Duáyen, *Stella*, StockCERO, 2005.

la Barra qui a deux fois son âge. Ils ont mené ensuite une vie conforme aux codes de l'époque, lui dans les affaires, elle poursuivant de nobles activités philanthropiques.

À Buenos Aires, elle a contribué grâce à leur fortune aux bonnes œuvres et à la création de nombreux événements culturels. Elle a ouvert la première école de musique pour les femmes et participé à l'implantation de la Croix-Rouge argentine. Sur les photos, elle apparaît avec un maintien très raide, empanachée sous de hauts chapeaux à voilette et dans des robes qui la sanglent à la taille, selon les usages de son appartenance sociale. L'une de ses timides incursions dans le domaine de l'édition passe par la traduction de l'un des premiers romans de la Française Guy de Chantepleure, au nom de plume masculin. Une initiative qui a sans doute inspiré Emma lorsqu'elle décide de publier son propre roman. Symboliquement, elle ne s'est lancée que lorsque son père et son mari sont morts.

Le choix d'un pseudonyme est encore plus crucial pour elle en tant que veuve car, selon la coutume, elle devrait se confiner dans son deuil et pleurer son mari. De surcroît, elle aurait dû se cantonner à la poésie, un genre littéraire admis pour son sexe. Mais elle a franchi la ligne rouge du roman… Elle explique qu'elle a eu peur du scandale et des critiques à venir. « *Il était inconcevable que, nous les femmes, puissions sortir des limites du foyer sans enfreindre les préceptes les plus élémentaires de son organisation*[3]. »

3. *Ibid.*

En outre, après son veuvage, elle s'est retrouvée dans de réelles difficultés financières. Car avec son « oncle-mari », elle avait investi dans la construction d'un quartier ouvrier à côté d'ateliers du chemin de fer. Leur projet, devancé par des entreprises plus combattives, s'est révélé un désastre. Pourquoi donc ne pas tenter ce qui lui tenait le plus à cœur : écrire ?

Encouragée par le coup de maître de *Stella*, Emma se remet à l'ouvrage, d'autant qu'une maison d'édition de Barcelone lui propose une somme élevée pour un prochain livre – une première pour un auteur argentin. Hélas, ses romans suivants ne convainquent pas.

Avec le temps, celle qu'on a surnommée « *la romancière la plus célèbre d'Amérique du Sud* » a fini par être classée dans la case du roman sentimental féminin. Sans doute une manière de la faire rentrer dans le rang. Comme si l'époque et sa littérature se vengeaient de son succès.

Un roman au sérail

Marie Lera, alias Marc Hélys (1864-1958)

« Il les croyait résignées. Elles ne l'étaient pas[1]. »

Comment pousser un célèbre auteur à écrire un roman et indirectement à en devenir l'héroïne, voici la surprenante entreprise imaginée par Marie Lera devenue Marc Hélys. Au fil d'une des mystifications les plus troublantes qui soient dans la galaxie littéraire.

La vie de la jeune femme commence déjà de manière trépidante. Hortense Marie Héliard, fille d'un père capitaine de navires au long cours, maîtrise rapidement plusieurs langues dont le suédois, grâce à une gouvernante. À vingt-deux ans, elle épouse un diplomate mexicain né à La Havane, père de quatre enfants. Devenue Marie Lera par son mariage, elle le suit dans ses missions au Guatemala, puis à Rome. Ils s'installent finalement à Nantes où elle met une fille au monde dont elle s'occupe aussi

1. Marc Hélys, *Le Secret des* Désenchantées, Paris, Éditions Manucius, 2004.

peu que des enfants de son époux. À Mexico où son mari est nommé, elle vit avec une femme une telle passion amoureuse qu'elle quitte sa famille. Désormais elle veut voyager, travailler à la fois comme traductrice et journaliste.

N'ayant pas divorcé, elle est toujours en possession d'un passeport diplomatique et se retrouve un jour à La Haye pour une conférence sur la paix où elle croise un haut fonctionnaire de l'Empire ottoman, Noury Bey, qui l'invite à Constantinople. Elle s'y rend en septembre 1901 et réside dans sa famille. Fils d'un marquis français tombé amoureux d'une belle circassienne – une histoire follement romanesque qui donne déjà le ton –, Nouri Bey a deux filles, Zennour et Nouryé, parfaitement instruites et très curieuses du monde. Marie Lera apprécie leurs échanges et, grâce à elles, côtoie des femmes de leur entourage. Mais Nouri Bey, qui craint la trop grande influence de la Française sur ses filles, finit par lui demander de quitter leur maison.

Elle revient à Constantinople trois ans plus tard. Zennour, l'aînée, est désormais mariée à un dignitaire qu'elle n'a pas choisi. Pour se consoler, elle passe ses journées en compagnie de sa cadette. Marie se joint d'autant plus volontiers aux deux sœurs que la féministe en elle souhaite comprendre le mode de vie des harems traditionnels. Car le règne d'Abdülhamid II est loin d'être favorable à une quelconque émancipation des femmes. Les espaces publics sont réservés aux hommes, tandis que les femmes doivent rester dans la sphère domestique. Dans leur milieu privilégié, les deux sœurs jouissent pourtant d'une certaine liberté de mouvement. Elles s'habillent selon la mode européenne, et portent en extérieur un voile léger pour masquer le nez et la bouche, le *yashmak*.

Mais elles s'ennuient.

L'occasion pour Marie Lera de les entraîner dans une folle aventure dont aucune d'entre elles ne peut encore soupçonner les retombées.

Elle en a eu l'idée en voyant que Pierre Loti est en ville depuis quelques mois. L'écrivain-officier de cinquante-trois ans vit retiré sur le bateau dont il a le commandement, le *Vautour*, un aviso-torpilleur, emblème de la présence française sur place bien que ne quittant presque jamais les rives du Bosphore. Loti est toujours auréolé de la gloire d'*Aziyadé*, le roman où il a chanté l'amour impossible entre une femme de harem et un officier de marine européen. Depuis son retour, ses faits et gestes sont commentés par toute la société stambouliote. Récemment, il a fait parler de lui avec un baptême en grandes pompes organisé pour… son chat. Et aussi en raison d'un duel qu'il a voulu provoquer parce que, selon lui, on ne l'avait pas salué. Autant dire que le personnage n'est pas d'un abord facile.

Dans ce premier acte de leur petite conspiration, elles envoient à Loti une lettre avec une référence à son héroïne de papier : « *Avez-vous oublié Aziyadé, et ses sœurs ne vous intéressent-elles donc plus*[2] ? » Elles veulent piquer sa curiosité en se montrant comme des doublures vivantes de son personnage littéraire.

2. *Ibid.*

Intrigué, Loti accepte de les rencontrer. Dans son *Journal*, il note avoir été sidéré par l'apparition de « *trois fantômes noirs* » car elles se sont couvertes de grandes robes sombres et ont caché leurs visages sous des *tcharchaf*, de longs voiles noirs. Leur accoutrement contraste avec leur français parfait, tout comme leurs gants blancs et leurs souliers fins. Saisi, il les écoute et participe peu. « *Nous n'avions aucun plan, pas d'autre désir que de divertir l'imagination de Pierre Loti dont les yeux s'étaient remplis de larmes quand il avait serré les mains de trois dames turques inconnues dont il ne verrait jamais le visage*[3]*.* » Elles prétendent vivre dans un harem, ce qui peut paraître surprenant au vu de leur façon d'être, un indice qui ne semble pas le troubler.

D'autres entrevues suivent, toujours plus élaborées, avec un sens aigu de la mise en scène de la part des trois conspiratrices, ne serait-ce que pour le choix des lieux, que ce soit dans un cimetière, près d'une mosquée ou dans une maison qu'elles réservent pour quelques heures et redécorent ostensiblement à l'orientale pour flatter le goût de Loti – il a toujours voulu se faire passer pour un autochtone et porte le tarbouch rouge en guise de couvre-chef. Elles vont aussi lui rendre visite sur son bateau où il leur joue quelques airs de piano. Plus soupçonneux, des membres de son équipage flairent une vague supercherie en voyant le contraste entre leurs silhouettes voilées et leur manière de parler. Lui est toujours plus conquis.

3. *Ibid.*

Elles usent de faux prénoms, Leyla pour Marie, Zeyned et Mélek pour ses jeunes comparses. Loti, qui aime les atmosphères dramatiques et les déguisements, se laisse volontiers happer dans le tourbillon de leur manège. Est-il dupe ? Il connaît mal la réalité des pays orientaux qu'il a décrits par le seul prisme de l'exotisme. Les trois femmes lui dépeignent ce qui ressemble fort à l'histoire de son héroïne, prisonnière du harem d'un riche vieillard. Elles en rajoutent et se plaignent de leurs conditions de vie. Le piquant de l'affaire, c'est que leurs descriptions proviennent d'une Occidentale et de deux jeunes femmes issues d'un monde progressiste et francophone.

Puis les échanges s'intensifient entre Loti et Marie/Leyla, dont il se sent le plus proche. Celle-ci – sans jamais retirer son voile – lui laisse entendre qu'elles ont besoin de lui, il pourrait devenir leur porte-parole et écrire un plaidoyer en leur faveur. Dans ce jeu de miroirs, Loti compose donc ce qu'il va intituler *Les Désenchantées* où, à partir d'une intrigue romanesque, il inclut ses lettres et surtout celles de Leyla et reproduit ainsi la trame d'Aziyadé qui mêlait journal intime et correspondance.

Lorsque Marie doit rentrer en France, elle pense même à préparer quelques lettres d'avance qui seront postées régulièrement de Constantinople grâce au concours des deux sœurs. Mais comme elle n'est plus là-bas et qu'il réclame de la revoir, elle décide de faire disparaître son personnage[4]. Clap de fin pour

4. Leyla est renommée Djénane dans le roman.

la fausse Leyla qui va lui faire parvenir une lettre désespérée, pour faire croire à son suicide à cause de son mariage forcé. Pour ne laisser aucun détail de côté, les sœurs lui envoient un faire-part de décès annonçant la mort de leur chère Leyla. Mais Loti au-delà de toute méfiance ne se rend compte de rien.

Marie est déjà sur un autre front. Elle a gommé les péripéties avec Loti. Depuis 1904, elle écrit sous le pseudonyme masculin de Marc Hélys, afin de pouvoir collaborer comme elle le souhaite auprès des journaux. En Suède, après une enquête sur le féminisme dans le pays, elle en tire un essai qui lui vaut un certain retentissement en librairie.

Mais voici que survient l'avant-dernier épisode, sans doute le plus inattendu de cette aventure. Début 1906, Zennour et Nouryé s'enfuient de leur pays en obtenant de faux papiers en direction de la France. Leur fugue n'a rien d'anodin, elles risquent leurs vies, car il est interdit aux femmes musulmanes de voyager seules, encore moins en terre infidèle. Les journaux européens titrent sur les « *évadées du harem* » avec illustrations à l'appui qui les font ressembler à des danseuses du ventre selon les pires clichés orientaux où la vulgarité se mêle au libidineux. Plus qu'un scandale, c'est une affaire d'État. Partout, les diplomates ottomans s'activent pour remettre la main sur leurs deux « *brebis égarées* » et les renvoyer dans l'Empire. En France, l'aînée publie un article dans *Le Figaro* où elle fait part de leur émerveillement d'être ainsi libérées de leur joug.

Elles reprennent le nom de leur ancêtre, Blosset de Châteauneuf, et mènent une vie mondaine – l'une a même son portrait dessiné par Rodin. Loti va s'inquiéter de leur sort et se manifester, prêt à les aider.

Six mois après leur évasion, la publication des *Désenchantées* de l'écrivain donne une nouvelle caisse de résonance à leur équipée. La plus jeune épouse un compositeur et musicien russe tandis que Zennour, malgré ses premiers éblouissements, supporte mal l'exil et finit par rentrer… désenchantée. De son côté Marc Hélys continue à écrire des livres très engagés, dont *Le Jardin fermé, Scènes de la vie féminine en Turquie*, son propre témoignage sur la situation des femmes ottomanes.

Le dernier coup de théâtre arrive après la mort de Loti. Marie publie *L'Envers d'un roman, Le Secret des* Désenchantées, ou les dessous inconnus de toute l'histoire. Les réactions sont vives, on lui reproche d'avoir cherché à le ridiculiser. Mais son ouvrage connaît un grand succès. Ce dernier acte conclut à une extravagante imposture. « *Et, pour avoir voulu faire vivre à Loti un roman, il s'est trouvé que c'est nous qui l'avons vécu*[5] », explique-t-elle. Peut-être ne s'agissait-il pas tant de berner un écrivain que de défendre la cause des femmes.

---

5. *Ibid.*

Paradis et solitude

Caterina Albert i Paradís, alias Víctor Català

« Quand on apprit que son auteur était une femme, le scandale fut monumental[1]. »

Comment en est-elle arrivée à ce geste fatal ? C'est ce qu'aborde le monologue théâtral d'une jeune paysanne qui passe par son angoisse insupportable et une pulsion de mort. Après avoir accouché, elle a préféré jeter son bébé sous les roues du moulin de son père plutôt que d'affronter sa colère. Enfermée désormais dans un asile d'aliénés, elle retrace les quelques courts moments de bonheur avec son bien-aimé, les heures nocturnes à la fois tendres et emportées, leur espoir commun et sans cesse la terreur sourde face à la menace du

1. Tomás Garcés, « Conversa amb Víctor Català », Víctor Català, *Obres completes*, in Carmen de la Guardia Herrero, « Pseudonymes, silences et identités d'écrivain », Presses universitaires de Paris Nanterre, 2014. Les autres citations de Víctor Català proviennent aussi de cet article.

père : un honneur familial qui ne devait pas être mis en péril.

La infanticida, le drame de Caterina Albert i Paradis, est présenté anonymement à un concours poétique en 1898 en même temps qu'un poème de sa composition. Elle a vingt-neuf ans, est catalane de cœur et, comme tant d'autres, se lance dans les *Jocs Florals* ou Jeux floraux annuels – un concours poétique sur le modèle de ceux de l'Académie de Toulouse dont l'origine remonte au Moyen Âge. Ses deux œuvres sont immédiatement primées… à ceci près que, lorsqu'on découvre que ce récit si brutal a été écrit par une femme, il en devient tout à coup choquant. Un homme aurait séduit par son audace et l'originalité de son ambition, mais une femme, c'est contre nature ! Jamais elle n'aurait dû se frotter à des thèmes aussi graves. Le prix ne lui sera donc pas attribué.

Personne ne se pose la question de savoir si la vision donnée par une femme sur une femme est justement ce qui résonne de manière si troublante, personne ne se dit non plus que ce point de vue est aussi inhabituel parce qu'il est si intime. De la même façon, plus tard dans ses autres ouvrages, on ne cessera de souligner – et de lui reprocher – sa violence, sa rudesse, voire son pessimisme. Elle ne manifeste aucune des qualités psychologiques appartenant supposément à son sexe.

Lorsque Caterina prend connaissance de ce tapage autour de sa personne, elle en tire une conclusion immédiate. « *Effrayée par cette facétie qui risquait de faire circuler son nom sur toutes les lèvres, cette maladroite innocente se promit de ne plus jamais rien présenter au public sous le même nom* » – on mesure l'ironie feutrée qu'elle exprime dans cette phrase. C'est ainsi qu'elle choisit un pseudonyme qui ne révélera pas sa vraie identité : Víctor Català, d'après l'un des personnages du roman sur lequel elle travaille. *Victor* qui vient du latin et signifie « vainqueur », *Català* parce que dévouée à la Catalogne, une autre de ses grandes batailles. Elle ne veut pas qu'on devine qui se cache derrière cette nouvelle signature. Fierté blessée, riposte secrète contre ses censeurs ? Toujours chez elle se profile la crainte d'être jugée « *immorale* » et d'être pointée du doigt. Se retrouver sur la sellette, au cœur de disputes archaïques, ne doit plus arriver. Elle ne veut pas réfréner sa nature ni son imagination, pas plus qu'elle ne laissera de quelconques règles ou limites peser sur ses choix d'écriture. Pour continuer, elle doit avancer sous couvert.

Ses premiers livres suscitent d'excellents retours, une fois de plus ses thèmes sont âpres, ses *Drames ruraux* traitent de la misère et du désespoir au travers d'observations aussi acérées qu'oppressantes, comme pour mieux traduire la réalité d'univers désolés. En 1905 paraît son premier roman, *Solitude*, dont le succès est tel que la rumeur autour de son identité finit par être percée à jour. Et les résultats ne se font pas attendre.

En un rien de temps, les commentaires sont beaucoup moins élogieux et mentionnent la noirceur affreuse dont elle fait preuve dans son récit. Elle s'est emparée en effet de la triste histoire d'une jeune femme démunie devant la personnalité faible et médiocre de son mari. En dépit de son profond isolement, celle-ci parviendra à trouver une forme d'exutoire dans la nature environnante, pourtant difficile et inhospitalière. Il est probable que le réalisateur Roberto Rossellini s'en soit inspiré pour son film *Stromboli*[2] où son héroïne est aussi jetée dans une vie ingrate sans aucune issue. De fait, le rayonnement de *Solitude* va être international – quitte à laisser ses livres suivants quelque peu dans l'ombre. Au-delà de ce pessimisme apparent, elle a aussi voulu refléter ce qui est propre aux particularismes de sa région, au caractère et à l'esprit catalans. La difficile confrontation de l'héroïne de *Solitude* à son milieu peut aussi se lire comme une transposition des éternels conflits entre l'Espagne et la Catalogne. Une démarche relayée par l'emploi d'un style très expressif avec des idiomes populaires.

Le pseudonyme n'a donc pas suffi pour la protéger de la critique. « *Si j'avais soupçonné qu'un jour on découvrirait qui se cachait sous le nom de Víctor Català, jamais, jamais, je n'aurais consenti à ce que l'on publie une seule ligne écrite par moi*[3]. » Puisqu'elle ne peut s'émanciper des codes assignés, elle développe alors un stratagème inédit. Elle préfère se dissimuler derrière l'image d'une femme simple, sans aucune ambition littéraire. Une dilet-

2. Rosa Delor i Muns, « Notes a propòsit de *Stromboli* de Roberto Rossellini i *Solitud* de Víctor Català », en ligne, 2005.

3. Cité in Anne Charlon, « *Víctor Català, femme de lettres sulfureuse, romancière amateur ou écrivain tout court* », Presses Sorbonne Nouvelle, 2006.

tante au talent modeste, loin du tintamarre des doctrines artistiques. D'ailleurs, elle prétend écrire « *comme ça lui vient et voilà tout* ». Elle insiste même sur son absence de culture – alors que tout prouve l'inverse.

Extérieurement, elle veut être vue comme une dame respectable attachée à des valeurs traditionnelles. Elle ne souhaite pas non plus être mêlée aux mouvements féministes émergents dont le caractère revendicatif ne lui convient pas.

D'autres attaques plus personnelles surviennent alors. Cette fois, sa vie de célibataire fait l'objet de sous-entendus grossiers, avec en ligne de mire son homosexualité supposée. La seule explication que ses censeurs ont trouvée pour la supposée « masculinité » de son œuvre. Un rebondissement qu'elle n'avait pas prévu et qui ne pouvait que justifier sa volonté de rester sous le radar. Dans sa vie personnelle, elle est effectivement demeurée dans son creuset familial où elle a toujours trouvé soutien et ouverture de pensée. Son père avocat et politicien républicain a été exilé un temps après avoir pris part au soulèvement de 1869. Sa mère, Dolors Paradís, poétesse, a toujours défendu les principes d'une culture catalane puissante. Tout comme sa grand-mère, garante d'une tradition populaire essentielle à ses yeux.

Sous leur égide, la jeune fille a pu grandir sans se sentir bridée, en s'intéressant aussi bien à la littérature qu'à la peinture et la sculpture. Après la mort de son père, elle a donc souhaité reprendre la charge du domaine familial et s'occuper de sa mère, ce qui l'a maintenue à l'écart du monde littéraire catalan.

Son dilettantisme autoproclamé ne l'empêchera pas de présider près de vingt ans plus tard les Jocs Florals qui l'avaient d'abord distinguée avant de l'éliminer. Une manière de boucler la boucle. Et peut-être une éclatante revanche.

Seule contre tous

María de la O Lejárraga García, alias Gregorio Martínez Sierra (1874-1974)

« *Vous ne verrez plus jamais mon nom gravé sur la couverture d'un livre*[1]. »

Ce serait l'histoire d'un pacte. Un de ces accords secrets comme on aime en passer au sein d'un couple, dans un élan romantique et amoureux. Une promesse sacrée, absolue, le rêve d'une union parfaite : devenir un, se fondre sous un nom unique. Que l'un écrive plus que l'autre ou non, peu importe, leur création sera commune par définition. Sauf que, dans ce cas précis, celle qui disparaît derrière le patronyme de son époux est en fait la principale, et même la seule autrice. Dont on dit aujourd'hui qu'elle serait l'un des plus grands dramaturges espagnols. Une femme qui, contre vents et marées, n'a

1. Toutes les citations sont tirées de l'autobiographie de María Martínez Sierra, *Gregorio y yo,* Valencia, Pre-Textos, 2000.

jamais voulu vendre la mèche. Pendant des décennies, son engagement solennel a résisté à toutes les épreuves de leur vie. Jusqu'à ce que, acculée financièrement, elle ne puisse plus faire autrement.

Voici le récit de celle qui s'est entêtée au-delà du raisonnable.

Lorsqu'ils se rencontrent en 1897, Gregorio, âgé de dix-sept ans seulement, est impressionné par María, son aînée de quatre ans. La jeune institutrice enseigne les langues étrangères – elle maîtrise parfaitement l'anglais, le français et l'italien. Tous les deux éprouvent la même passion pour la littérature et surtout pour le théâtre. Ils commencent à publier chacun de leur côté. Elle a raconté plus tard dans son autobiographie s'être cabrée devant l'indifférence de sa famille sur son propre recueil de nouvelles alors que celui de Gregorio avait suscité beaucoup plus d'intérêt. « *Prise d'une colère noire* », elle décide qu'on ne l'y prendra plus. De là viendrait, selon elle, l'une des raisons de son effacement en tant qu'auteur – ce qui, au-delà de son amour-propre blessé, paraît une justification presque dérisoire. Plus vraisemblable, la piste de son travail au sein d'une école de filles : les foudres de sa hiérarchie sont à craindre si elle attire trop d'attention publique. Se prétendre une « femme de lettres », et donc sortir du lot, n'est jamais bien vu. Modestie et pudeur sont les qualités requises par les codes de l'époque, une chape bien lourde dont il est illusoire de vouloir s'extirper.

Forte de cette triste constatation, elle se console en se disant que ses productions seront au moins reconnues à leur juste valeur sous la signature d'un homme. Elle confesse aussi sa part d'orgueil, ou ce qu'elle nomme « *la fierté d'humilité* » de la femme qui aime son mari et tient à le mettre en valeur en restant derrière lui. Le couple n'aura pas d'enfants, mais « leurs livres » vont se transformer pour elle en progéniture. Un glissement affectif qui se veut tendu vers l'avenir. Enfin, et ce n'est pas négligeable, elle peut aussi élaborer dans ses textes des personnages féminins plus complexes.

Après leur mariage en 1900, leurs ouvrages communs sont donc publiés sous le seul nom de Gregorio Martínez Sierra. Il est difficile de déterminer quels sont leurs apports respectifs. María explique vaguement à leurs amis que c'était celui des deux qui avait le plus de temps. En réalité, elle devient rapidement le seul auteur des pièces signées sous le nom de Gregorio. Car au bout d'une dizaine d'années, elle finit par abandonner son emploi à l'école pour se consacrer à leurs projets. Tandis que, de son côté, Gregorio dirige plusieurs revues littéraires modernistes dont *Helios* et *Renacimiento* qui attirent les écrivains majeurs du moment, mais s'occupe aussi de la gestion d'un théâtre. Il ajoute à ses activités la production de « leurs » pièces, ainsi que leur mise en scène.

En 1907, il rencontre une actrice cubaine, Catalina Bárcena, venue à vingt ans à Madrid où elle se produit sur les planches. Leur liaison s'installe sans que María ne semble s'en formaliser, en tous les cas pas suffisamment pour changer leurs accords. De l'extérieur, tout paraît normal, mais Gregorio passe toujours plus de temps avec sa maîtresse qui, elle, jalouse, le menace de ne plus jouer au théâtre s'il ne quitte pas sa femme.

Parallèlement, María se tourne de plus en plus vers les mouvements féministes et écrit *La Femme moderne* où elle défend ses idées sur les droits à la fois civils et politiques de son sexe. Bien ironiquement, ses publications engagées sont toujours signées par son mari. Et c'est encore lui qui, à sa place, donne des conférences où il énonce les revendications féministes que sa femme a rédigées au préalable.

Depuis sa carrière d'enseignante, María a par ailleurs été témoin des ravages de la pauvreté et de l'illettrisme, et souhaite s'impliquer dans le courant socialiste. Elle sera nommée présidente de l'Association féminine de l'éducation civique, puis élue députée au Parlement en 1934.

En 1922, Catalina accouche d'une fille que Gregorio reconnaît, des circonstances qui ébranlent l'édifice de confiance et la question du partage de leurs droits d'auteur. Pendant vingt-quatre ans, sans faillir, elle n'a cessé d'œuvrer sous cette identité prétendument commune à laquelle elle ne déroge pas. Il est vrai qu'à plusieurs reprises, Gregorio a proposé que le nom de María apparaisse en tant que coautrice et collaboratrice. Il a même fait rédiger des documents à cet effet, mais chaque fois elle s'y est refusée.

Entre 1922 et jusque dans les années 1940, elle continue à écrire plus d'une dizaine de livres. Coincé devant les rumeurs qui enflent, son mari admet qu'elle contribue à « leurs » créations et… qu'il est fier de son talent. Une belle ironie. Il essaie par une pirouette de signifier que leur amour est tel qu'ils ont fini par devenir une seule personne ! De quoi sourire devant la vérité, mais on peut imaginer que l'idéalisme et la ferveur de María ont été comblés par ces déclarations. De son côté, elle plaide toujours plus pour la cause des femmes, n'hésitant pas à prôner le divorce, notamment en cas d'infidélité. Dans sa vie privée, en revanche, elle persiste sans ciller à tout supporter de celui qui est encore son mari.

En 1930, Gregorio part à Hollywood avec Catalina et leur fille, voulant prendre le tournant des films de cinéma. Mais il fait toujours appel à María. Elle ne faiblit pas dans le rythme et continue d'envoyer de nouvelles pièces ou des scripts. Tant qu'elle n'a pas livré, rien ne peut avancer dans la mise en œuvre de ses films, une preuve s'il le fallait de ce qu'elle fait – les assistants de plateaux l'ont tous confirmé.

Malgré tous « leurs » succès théâtraux, dont certains à l'étranger, ils sont rattrapés par la crise politique de leur pays. María est obligée de fuir l'Espagne et, même si Gregorio lui cède la moitié de leurs droits d'auteur, tout se complique grandement pour recouvrer ses fonds. En 1947, il succombe à un cancer. Comment faire pour récupérer de l'argent alors que son nom ne figure nulle part ? D'écrivain-fantôme, elle est devenue inexistante.

En 1953, elle part s'installer à Buenos Aires et, sans aucun moyen de survie, engage une longue croisade pour sortir de l'ombre, ce qui la force à divulguer leur histoire. À une amie, elle confie qu'elle doit désormais « *penser à sa résurrection* » et s'apprête à dire sa vérité. La même année, elle publie au Mexique son autobiographie, *Gregorio et moi*, sous-titrée *Un demi-siècle de collaboration*, cette fois sous son propre nom où, même là, elle livre une vérité très mesurée et jamais ne révèle vraiment qu'elle est la seule autrice.

Il faudra encore longtemps pour que le public accepte sa confession. Pire encore, l'Espagne franquiste voit en elle non seulement la socialiste exilée, donc indésirable, mais aussi l'ex-épouse traîtresse, prête à salir la mémoire de son mari, auteur de tant de merveilleuses pièces.

Le salut viendra d'une universitaire à la fin des années 1970 qui, sur la base de documents, notamment les lettres de Gregorio, va pouvoir rétablir les faits[2]. Malgré de nombreuses déclarations, le mystère sur tant d'années de silence reste entier sur l'obstination de María à se taire, laissant la part belle à l'homme auquel elle n'a cessé de faire confiance. Il aura fallu plus de quarante ans pour qu'elle ose enfin déclarer : « Je est un autre. »

---

2. Patricia W. O'Connor, *Gregorio and María Martínez Sierra*, Université de Cincinnati, Twayne Publishers, Boston, 1977.

Colette envers et contre tous

Sidonie-Gabrielle Colette, alias Willy

« *Rien d'ailleurs ne rassure autant qu'un masque*[1]. »

C'est un dandy avec de l'allure, malgré son aspect déjà bedonnant et une calvitie cachée sous son éternel chapeau à bords plats. Un mondain bohème aussi. Avec une réputation de viveur. Il a quatorze ans de plus qu'elle, paraît sans âge avec sa moustache effilée et une barbe en pointe comme celles que les hommes affectionnent à la Belle Époque. Il s'appelle Henri Gauthiers-Villars. On le surnomme Willy.

Fils du propriétaire d'une librairie-imprimerie scientifique à Paris, où il a travaillé, il se consacre désormais à sa carrière de critique musical et de romancier. Des récits égrillards, chuchote-t-on. À trente-quatre ans, il est aussi le père d'un petit garçon, Jacques-Henri, qu'il a reconnu et dont la mère est morte. Et s'apprête, après deux années de

1. Colette, *Mes apprentissages*, Paris, Fayard, 2004.

fiançailles, à se lier à Mademoiselle Sidonie-Gabrielle Colette – Colette étant son nom de famille – qu'on surnomme Gabri. Lui cherche sans doute une mère pour son fils – car ce ne sont certes pas les aventures qui lui manquent. En ce qui la concerne, elle ne peut pas espérer beaucoup mieux, ses parents n'ont aucune dot à lui offrir. « *Je n'avais pas le choix : ou rester vieille fille ou devenir institutrice*[2] », explique-t-elle. Elle n'a guère que vingt ans lorsqu'ils se marient. Mais elle est amoureuse. Lui est assez épaté par la gamine aux interminables tresses (1,58 m de long) qu'elle va couper une dizaine d'années plus tard.

Gabri découvre peu à peu les petites entreprises de Willy qui se plaint sans cesse de ne pas avoir assez d'argent. À la manière d'Alexandre Dumas, il a monté des ateliers d'écriture où ses « secrétaires » ou ses « collaborateurs », c'est selon, écrivent à sa place. Il fournit les sujets, tout comme la trame générale. Une de ses plumes s'attelle aux dialogues, une autre aux descriptions plus longues, à la manière des assistants dans les ateliers de peintres du Siècle d'or. Puis il corrige les textes, parfois étoffe, pousse un trait, une saillie – on sait qu'il aime le scabreux et l'osé. Pour finir, il signe. Quant à écrire lui-même… il n'y arrive pas. Colette parle de son « *horreur nerveuse de la page blanche*[3] ». Il a créé un principe inédit : être connu pour ses livres sans en écrire une

2. Colette, cité in Antoine Compagnon, *Un été avec Colette*, Équateurs/France Inter, 2022.

3. Colette, *Mes apprentissages*, *op. cit.*

ligne. Jules Renard s'en amuse dans son *Journal* : « *Willy ONT beaucoup de talent.* » Et lorsqu'il ne veut pas apposer son nom sur une pétition dreyfusarde, Jules Renard, toujours, se gausse : « *C'est la première fois qu'il refuse de signer quelque chose qu'il n'a pas écrit*[4]. » Combien de chroniques, d'articles et de romans sont sortis de cette fabrique commune ? La jeune épouse ne sait pas encore qu'elle va bientôt faire partie de cette équipe entièrement masculine – une cinquantaine de personnes qui se succèdent au fil des années – et, plus invraisemblable encore, que ce « travail » va engendrer sa carrière à venir.

Est-ce qu'elle n'aimerait pas coucher ses souvenirs d'école sur le papier, lui demande un jour Willy. « *Les fonds sont bas* », ajoute-t-il. Dans ses souvenirs, Colette revient toujours sur ses besoins d'argent si pressants qui ont déterminé leur vie commune. Et surtout, qu'elle n'hésite pas, insiste-t-il, à enjoliver son texte avec des « *détails piquants* ». Mais après avoir lu, Willy, déçu, est catégorique, ça n'ira pas, il s'est « *trompé* ». L'histoire est oubliée.

Deux ans plus tard, par hasard, il redécouvre dans un tiroir les cahiers noircis de sa jeune épouse qu'il relit. « *Nom de Dieu ! grommela-t-il, je ne suis qu'un c...* » Il est éberlué de n'avoir pas tout de suite compris le potentiel de ce qui va devenir *Claudine à l'école*. Il insiste à nouveau pour « *échauffer un peu ces enfantillages* » afin de les rendre plus croustillants encore.

---

4. Jules Renard, *Journal*, 21 janvier 1905 et 17 février 1898, Paris, Robert Laffont, 1990.

À sa parution en 1900, le livre est, comme d'habitude, signé Willy. Sur sa couverture est dessinée une jeune fille portant une cape rouge, assise sur une table devant un tableau noir. Colette rit parce que l'écolière ressemble au Petit Chaperon rouge. La préface « écrite » par Willy – ou l'un de ses sbires – laisse planer un savant mystère autour du manuscrit, envoyé par une jeune fille anonyme et entouré d'un gracieux ruban rose. Ce qui laisse entendre qu'il s'est fait le récipiendaire de confidences intimes et... polissonnes. Le succès est immédiat, à la fois littéraire et commercial, grâce sans doute à ce parfum de scandale provenant des réflexions délurées de l'héroïne et des intermèdes saphiques entre la directrice et son adjointe. Une manière de regarder en catimini ce qui se passe derrière la porte d'une école de filles.

Le système Willy fait mouche. Il sait en outre exploiter cette nouvelle manne avec un vrai sens du marketing. Du jour au lendemain, *Claudine* est à la mode – de là vient le col du même nom – et partout surgissent chapeaux, cigarettes, gâteaux, parfums, assiettes et autres produits dérivés. D'autant que ce premier roman ne reste pas unique ; s'ensuivent en 1901 *Claudine à Paris,* en 1902 *Claudine en ménage.* Willy incite alors sa femme à couper ses longues tresses pour ressembler à son héroïne et à s'habiller avec un sarrau d'écolière et... un col Claudine. À la scène, pour incarner la petite effrontée, on choisit la jeune actrice et chanteuse Polaire, connue pour son incroyable taille de guêpe. Willy adore s'exhiber avec Colette et Polaire, deux versions de ce personnage que le monde porte aux nues. Après le texte dont Colette a été dépossédée, cette fois c'est son héroïne qui, démultipliée et adaptée, envahit sa vie et lui échappe tout autant.

Pour ces suites si attendues, Willy l'a évidemment remise au travail. Elle a l'impression d'être au fond de la mine, d'aligner des pages pour « *un métier de forçat* ». En revanche, aucun collaborateur des ateliers ne retouche ses écrits – une technique habituelle de Willy pour éviter que l'un d'entre eux ne revendique de paternité. Comme eux, Colette perçoit un appointement mensuel, mais aucun droit d'auteur. Willy peut continuer à se pavaner et à s'attribuer tous les mérites, tout comme les espèces sonnantes et trébuchantes qu'il est le seul à percevoir. Personne ne sait alors que Gabri en est l'auteur, sauf des critiques et amis plus perspicaces que d'autres, comme Rachilde et Catulle Mendès.

Entretemps, la jeune femme a appris les infidélités de son mari – mise en garde par une lettre anonyme, elle surprend une scène sans équivoque. Une énième trahison.

Au fil du temps, son nom change aussi. Colette, son patronyme, s'est transformé en prénom.

Après le dernier de la série, *Claudine s'en va*, la jeune femme s'intéresse à une nouvelle héroïne, *Minne*, autour de laquelle elle bâtit deux récits. Ce seront les derniers signés par son mari. Le chemin vers l'indépendance s'amorce.

En 1907, le couple se sépare. En 1909, elle s'aperçoit que Willy a vendu les droits des *Claudine* à ses éditeurs. Un choc, un « *dessaisissement* », inexcusable après l'usurpation subie pendant tant d'années. C'est seulement en 1911 que les livres vont porter leur double signature, Willy et Colette Willy. « *Une cocasserie amèrement mélancolique* », dira Willy maintenant qu'ils ne vivent plus ensemble. Mais une lente renaissance pour Colette. Elle récupère la propriété de ses deux *Minne* qu'elle va signer Colette Willy en les fondant en un seul ouvrage : *L'Ingénue libertine.* Il faudra attendre 1923 et *Le Blé en herbe* pour qu'elle appose son seul nom : Colette.

Pour les *Claudine*, la bataille juridique ne fait que commencer. Un imbroglio auquel va se mêler le fils de Willy. La guerre fait rage entre les protagonistes tandis que Willy sombre peu à peu dans l'oubli et que l'astre de Colette ne cesse de monter.

Mais qu'en est-il vraiment du statut d'auteur pour l'un comme pour l'autre ? Par-delà leur querelle, le duo qu'ils ont formé est au centre de la question de la propriété littéraire. Willy a certes suggéré l'idée de la série des *Claudine*, y a apporté des retouches et des incises. Colette, de son côté, a puisé dans ses souvenirs et entièrement écrit l'ensemble des textes. Elle dira plus tard qu'elle est devenue femme de lettres, non pas tant « grâce à » lui, mais parce qu'il l'a poussée dans ce sens. Sa « tutelle » s'est exercée sur les aspects techniques du récit et ce qu'elle a appelé ses « *piments* ».

Celle qui allait devenir l'autrice de *Chéri,* du *Blé en herbe,* de *Gigi*, et tant d'autres, dont on pouvait encore apercevoir la silhouette affaiblie au Palais-Royal dans les années 1950, n'aimait pas évoquer ces « *mauvais souvenirs* ». Cependant, dans ses interviews à la radio, son accent bourguignon s'élevait encore avec fermeté pour exprimer sa rancune tenace. Il aura fallu qu'elle se libère de l'emprise de Willy pour retrouver sa voix pleine et entière. Celle qui résonne toujours aujourd'hui.

La poétesse mise à nu

Marie de Heredia, alias Gérard d'Houville

« J'aime autant être au masculin pour changer[1]. »

En dépit des ombres tutélaires qui se sont penchées sur son berceau, il lui aura fallu s'imposer dans le monde des lettres avant d'obtenir le Grand Prix de l'Académie française pour l'ensemble de son œuvre… en tant que première femme. Avant, Marie de Heredia, devenue Marie de Régnier, aura dû se transformer en Gérard d'Houville et singulariser son histoire.

Marie grandit en croisant à la maison des poètes comme Théophile Gautier ou Leconte de Lisle, en apercevant les silhouettes de Maupassant ou de Flaubert que fréquente son père, devenu chef de file des Parnassiens. Papa Dia, c'est José-Maria de Heredia, né à Cuba d'un père espagnol et d'un grand-père propriétaire d'une riche plantation de café. Il est

1. Robert Fleury, *Marie de Régnier*, Paris, Tallandier, 2008.

envoyé encore enfant en France pour ses études où il décide de rester et de se vouer à la poésie. Avec sa femme, à Paris, ils reçoivent les « samedis ». Tandis que les dames discutent au salon, les hommes sont invités à rejoindre le poète pour fumer leurs havanes dans son cabinet de travail d'où s'exhalent d'épaisses volutes mystérieuses comme autant de rimes croisées.

Le couple a trois filles, elles grandissent rapidement, pas la peine de les envoyer à l'école, elles apprennent beaucoup plus à la maison, sous la houlette du bienveillant Leconte de Lisle, créole comme papa Dia, qui veille sur leur éducation. Hélène, l'aînée, a quatre ans de plus que Marie, elle-même suivie par Louise trois ans plus tard, toutes les trois se ressemblent avec leurs grands yeux noirs. Très jeune, la petite Marie imagine des poèmes en prose que son père versifie avec attention. Il faut dire que Maricote, comme on la surnomme, traîne souvent sous le bureau de son père, et le regarde rêver ou écrire. Le seul problème dans cette famille heureuse est l'argent, car le merveilleux et tendre papa Dia, joueur de baccara, perd des sommes folles. Même si Mme de Heredia rogne sur tout, les dettes s'accumulent.

Il en faut beaucoup plus pour abattre leur moral. Un jour où le père annonce qu'ils sont au bord de la ruine et que ses filles n'auront aucune dot, cellesci fêtent aussitôt la mauvaise nouvelle avec caviar et champagne. Peu importe la ruine : on s'amuse, on vibre et on vit !

Et voici que dans leurs « samedis » surgissent de nouveaux poètes – pas insensibles au charme des trois jeunes sœurs : Pierre Louÿs, Henri de Régnier et Jean de Tinan. À tout juste dix-huit ans, Marie peut leur montrer fièrement certains de ses poèmes publiés dans la *Revue des Deux Mondes*. Sans nom, mais avec trois astérisques. Pierre Louÿs lui répond avec d'autres vers :

« Pourquoi signez-vous trois étoiles
Puisque vous n'avez que deux yeux[2] *? »*

Autre signe tombé du ciel, l'élection de José-Maria à l'Académie française – après avoir coiffé Zola et Verlaine au poteau. Pour le plus grand plaisir de ses prétendants, Marie invente alors avec ses sœurs une assemblée loufoque, à son image, la Canaquadémie ou Académie canaque, dont elle se baptise « reine Marie 1re ». Marcel Proust, nommé secrétaire perpétuel, est quant à lui chargé de rédiger les procès-verbaux des séances, lesquelles consistent en de joyeux concours de grimaces. Henri de Régnier, si sérieux avec son monocle et ses moustaches tombantes, a bien du mal à s'exécuter.

Celui-ci est, en même temps que Pierre Louÿs, tombé fou amoureux de la fantasque jeune femme. Louÿs, ami d'André Gide et de Paul Valéry, a déjà publié ses poèmes, ainsi que cet ouvrage, *Les Chansons*

2. Tiré du poème de Pierre Louÿs : « La Vie bienheureuse », 1895, in *Œuvres complètes de Pierre Louÿs*, 1929-1931, t. X, Wikisource.

de Bilitis, qu'il a prétendu avoir traduit d'une poétesse grecque – que Debussy va mettre en musique quelques années plus tard. Henri de Régnier, plus âgé que lui de six ans, et déjà célèbre, a pour sa part publié plusieurs recueils de poésie. Face au premier, timide et élégant, le second a l'assurance de celui qui dispose d'une certaine fortune. Marie espère en secret que Louÿs se déclare, mais il n'ose pas. Aucun des deux hommes ne voulant s'effacer devant son rival, ils décident de faire leur demande ensemble de manière à ce que leur élue puisse choisir entre eux deux. Ce pacte fraternel ne va pas être respecté par Régnier qui profite de l'absence de Louÿs pour frapper à la porte des Heredia – avec des arguments solides puisqu'il promet de payer les dettes de papa Dia.

Un simple télégramme avertit Louÿs, dévasté par la trahison de son ami. Prise dans le tourbillon de cet invraisemblable marchandage, Marie épouse donc Henri de Régnier en 1895. Mais, pour le punir, elle lui jure qu'elle ne sera sa femme « *que de nom* ». Leur union ne sera donc pas consommée. Elle veut avant tout être la maîtresse de Pierre Louÿs. Les amants vont alors célébrer leurs « *noces mystérieuses* ». Ils vivent une liaison aussi inventive qu'ardente, souvent orageuse. Clandestinement, ils échangent des messages codés dans des petites annonces, s'écrivent des poèmes. Pierre photographie Marie qui pose avec une folle liberté. S'il en souffre, le mari ne se plaint pas. Puis elle donne naissance à un petit garçon qu'elle appelle Pierre-Marie, que Régnier reconnaît alors qu'il n'est pas le père – Louÿs se transformant en « parrain » officiel.

Ce vaudeville est aussi le triste écho d'une situation familiale compliquée du côté de Louÿs. Celui-ci serait le fils de son demi-frère, c'est-à-dire de l'enfant que son père officiel a eu d'un premier mariage. À son tour, Louÿs ne pourra pas assumer son rôle de père ni celui de mari auprès de la femme qu'il aime, mais tentera de s'en rapprocher par le biais d'un stratagème… épouser, sur la suggestion de Marie, Louise, la cadette des sœurs Heredia. Dans ce nouvel imbroglio, son fils deviendra donc son neveu. Et son amante sa belle-sœur.

Mais Marie ne veut pas être une muse, elle est déterminée à s'approprier son propre récit sans être freinée par qui que ce soit. Elle s'inspire certes de sa vie pour écrire, mais ne fait-elle pas aussi l'inverse en reconnaissant vivre « *les romans les plus absurdes, les plus compliqués et les plus fous qui soient*[3] » ? Elle passe d'amant en amant et tient Henri de Régnier toujours à distance. En 1903, elle raconte ses péripéties amoureuses dans son premier livre, *L'Inconstante*, un titre qui, selon elle, la caractérise. Hors de question alors de garder soit Heredia soit Régnier comme signature – aucun des deux n'apprécierait d'ailleurs le lien avec sa confession romanesque. Elle cherche donc un pseudonyme. Sa grand-mère paternelle avait pour aïeul un seigneur qui avait refusé d'épouser la femme lui étant desti-

3. Lettre à Augustine Bulteau, cité in Robert Fleury, *op. cit.*

née, lui préférant une jeune fille plus modeste. Il s'appelait Girard d'Ouville. Deux petites lettres changées et Marie devient Gérard d'Houville. De la sorte, elle ne sort pas de l'histoire familiale, pour ne pas dire paternelle, mais la récupère à sa manière. Avec une sorte d'avertissement aussi : elle suivra son propre chemin.

« *En littérature, ils ont le sexe changeant*[4] », s'exclame l'un des personnages d'un roman de Jean Lorrain qui remarque que certains noms de plume ont inversé leurs genres. Pour Marie, son identité masculine est aussi la porte de sa libération. Sa vie en est l'exemple. Elle est de celles qui prend et choisit, pas l'inverse. Il est d'usage en évoquant son souvenir d'égrener la longue liste de ses amants, comme pour rester à la surface de ses aventures amoureuses. Mais ce sont aussi ces mêmes expériences qu'elle parvient à faire entrer en résonance avec ses récits. Son deuxième roman, *L'Esclave*, est ainsi dédié à Georgie Raoul-Duval, une écrivaine américaine avec laquelle elle a rompu et qui, avant elle, avait eu une relation avec Colette.

Marie est loin d'avoir dit son dernier mot et fomente un texte explosif, les liaisons d'un homme partagé entre deux femmes qui se révèlent être… des sœurs. Le titre devait être *Le Brelan*. Une référence aux trois mêmes cartes qu'il faut réussir à piocher pour gagner. Mais la famille s'en mêle, en particulier les parents Heredia. Elle accepte alors de

4. Jean Lorrain, *Maison pour dames*, Paris, Albin Michel, 1989.

laisser son brûlot dans un tiroir. Une vingtaine d'années plus tard, après la mort de Pierre Louÿs, va être publié un de ses manuscrits inachevé, intitulé *Trois Filles de leur mère*, l'histoire entre un homme et une prostituée dont les trois filles sont leurs partenaires de lit. Preuve par-delà du temps des transgressions permanentes du couple Louÿs/d'Houville et de leur volonté commune de réécrire leur histoire telle qu'ils l'ont fantasmée, chacun à sa façon.

Outre ses romans, Marie écrit dans la presse, où elle choisit « Le Flâneur » pour signature, là aussi un masque masculin qui lui donne la distance nécessaire. Elle est également sollicitée pour faire partie du jury du nouveau prix littéraire de *La Vie heureuse* ; son opinion compte désormais. Avec les années, les scandales liés à ses toquades se raréfient, mais elle écrit toujours autant.

Le fils qu'elle a eu avec Louÿs, surnommé « Tigre », poète, dessinateur et chroniqueur mondain, va quant à lui préférer des extravagances cocaïnées et alcooliques, et mourir trop tôt. Les patrimoines familiaux, aussi flamboyants soient-ils, se perdent parfois entre le réel et la fiction.

La cavalière du désert

Isabelle Eberhardt, alias Mahmoud Saadi

« Il ne s'agit pas de vivre, mais de partir[1]. »

Une vie si courte, un souffle à peine, et pourtant un destin souverain. Morte à vingt-sept ans avant l'heure, de manière presque absurde, engloutie par la violente crue d'un oued dans un village aux portes du désert algérien. Isabelle Eberhardt laisse le sillage d'une âme profondément rebelle.

Tout chez elle est hors norme, ses origines, sa personnalité, son envie lancinante d'un ailleurs et ses incessantes errances. Et, comme pour défier le sort de sa disparition brutale, des pages et des pages de ses écrits, miraculeusement sauvés après la montée d'eau fatale, maculés de boue, retrouvés après la catastrophe, et publiés de manière posthume. Feuillets aussi épars que la multiplication de ses noms et de ses identités. Car Isabelle Eberhardt ne veut être assignée ni à un patronyme, ni à un genre, ni même

1. Isabelle Eberhardt, *Écrits intimes*, Paris, Payot, 1991.

à un lieu, toujours en quête d'elle-même et de sa propre liberté.

Née en 1877 à Genève au sein d'une famille russe, elle est déclarée de père inconnu sous le nom de jeune fille de sa mère. Mais l'écheveau est encore plus emmêlé qu'il n'y paraît. En effet, sa mère Natalia a épousé à vingt ans le général Pavel de Moerder de quarante ans son aîné, déjà père de trois enfants dont elle doit s'occuper en même temps que des cinq autres qu'elle va mettre au monde. En raison de sa santé fragile, la famille part vivre en Suisse en 1871, emmenant à sa suite un précepteur, Alexandre Trofinosky, disciple et ami de Bakounine. Le général, rappelé en Russie, repart seul, laissant sa femme enceinte de leur sixième enfant. La maisonnée apprend son décès deux ans après en 1873.

Contrairement à ses frères et sœurs, Isabelle est la seule à porter le nom de jeune fille de sa mère. Son père est vraisemblablement le précepteur, Alexandre Trofinovsky, ou « Vava », ainsi qu'elle le surnomme, dont les opinions libertaires et anarchistes lui valent d'être surveillé avec la plus grande attention par la police genevoise. Mais elle va aussi prétendre plus tard être le fruit d'un viol perpétré par le médecin de sa mère, ce qui reflète un éternel mal-être autour de l'illégitimité de sa naissance.

Vava professe l'égalité des sexes et lui donne comme à ses frères une éducation anticonformiste. Très jeune, Isabelle emprunte les pantalons du benjamin et s'habille en petit marin, en se faisant couper les cheveux courts sous son béret ou son fez.

Un affranchissement provocateur dans la société d'alors.

Le foyer se disperse petit à petit. L'un de ses frères aînés s'engage dans la Légion étrangère qu'il finira par déserter. Le cadet, son préféré, dont l'addiction à la drogue le pousse à divers larcins, décide de se faire oublier dans la Légion et part pour cinq ans à Sidi Bel Abbès, en Algérie. En suivant les périples de ses aînés, la jeune fille se passionne toujours plus pour la culture et la langue arabes. Elle entre en contact avec un érudit égyptien qui la dirige dans ses apprentissages et ses recherches spirituelles. Grâce à lui aussi, elle va entamer une longue correspondance amicale avec un certain Ali Abdul Wahab, fils d'un gouverneur de Tunisie. Celui-ci est persuadé de s'entretenir avec un jeune marin slave intéressé par la religion musulmane. Puis comprend qu'il a affaire à une jeune femme… De fait, les lettres d'Isabelle sont toujours signées Nicolas Podolinsky ou Mahmoud.

En 1897, elle convainc sa mère de partir avec elle à Bône (Annaba) sur la côte algérienne. Elle perfectionne son arabe, se convertit à l'islam et rêve déjà de pousser plus au sud vers le désert. Après la mort de sa mère, enterrée selon le rite musulman, Isabelle entame une série d'allers et retours entre l'Europe et l'Afrique du Nord. Au cours de ses pérégrinations, elle travaille en tant que journaliste-reporter tout en écrivant des textes de fiction – plusieurs récits et nouvelles, dont un roman, *Trimardeur*, qui restera inachevé. Elle est devenue une écrivaine-voyageuse qui, vêtue d'habits masculins, peut se rendre partout où elle le souhaite, se mêler aux groupes d'hommes, notamment dans les confréries religieuses en théorie inaccessibles aux femmes. Cela lui permet aussi d'être publiée plus facilement dans la presse algérienne où elle signe sous le nom de Sidi Mahmoud. Dans cette vie nomade, elle choisit ses tenues selon les lieux, apparaissant tantôt comme un cavalier algérien, tantôt sous une djellaba blanche et une chechia marocaines quand elle ne se transforme pas en jeune lettré ou *taleb* tunisien. Elle n'hésite pas non plus à sacrifier ses cheveux et à se raser la tête. De la sorte, elle peut contourner tous les interdits, camper, fumer, discuter avec les hommes, prier dans les *zaouïas*, ces centres religieux dédiés à l'enseignement coranique, ou visiter les tombeaux des marabouts.

Au-delà de l'aspect pratique de ses vêtements, elle est en proie à une autre obsession, celle d'une soif d'absolu qui la hante et la pousse vers des « *horizons changeants, des lointains encore inexplorés*[2] ». Une idée fixe qu'elle donne aussi au personnage principal de son roman, un Russe parti de Marseille, qui ne cesse de vouloir aller toujours plus loin comme s'il fallait se diluer dans des paysages immenses, pour tenter de s'oublier et de se perdre.

Au tournant de ce nouveau siècle, Isabelle ne se contente plus de ces images orientalistes aux senteurs de fleurs d'oranger et de jasmin, telles qu'elles ont été fantasmées par un Pierre Loti, par exemple,

---

2. Isabelle Eberhardt, *Écrits sur le sable*, Paris, Grasset, 1988.

dont la lecture a pourtant été décisive et inspirante. Même si elle ne peut échapper aux clichés colonialistes de son époque, sa quête mystique et sa connaissance intime de l'islam lui donnent une compréhension plus affinée de la culture et de la religion des pays arabophones.

Lorsqu'elle écrit, elle emploie indifféremment le masculin ou le féminin, à la manière d'un jeu de rôles, comme pour affirmer symboliquement qu'elle ne veut pas choisir. Elle est à la fois l'un et l'autre, un double réuni, le miroir d'une seule âme. Par ailleurs, même habillée en homme, elle veut aussi vivre le versant féminin de sa sexualité. Et quand la farouche Isabelle s'éprend d'un maréchal des logis, Slimène Ehni, musulman de nationalité française, « *un amoureux du désert*[3] » comme elle, elle ne quitte pas pour autant ses oripeaux habituels.

Car entretemps, elle a découvert le Sahara, l'aridité féerique, les couleurs ocres et verdâtres, les dunes aux formes changeantes, le sable qui recouvre et redéfinit les contours, qui s'enfuit et tourbillonne selon la force du sirocco. Grandeur et extase des ombres et des reliefs, magnificence du ciel, elle est conquise à jamais. Elle se décrit galopant sur Souf, son alezan, éperons fixés sur ses bottes en filali rouge, sabre et carabine glissés sous son burnous, un turban en poil de chameau posé sur la tête. Pour l'un de ses premiers voyages, elle se joint à une caravane. Elle a toutes les peines du monde à empêcher son

---

3. *Ibid.*

cheval de s'enliser et manque de mourir à cause de la fièvre des sables.

Face à ses ambitions se dresse la triste matérialité de son existence, ses problèmes d'argent, ses différentes tentatives d'en gagner qui la forcent à de nombreux retours entre Genève et Paris pour trouver les moyens de survivre. Avec, chaque fois, la même conviction de n'avoir plus sa place dans la société occidentale.

Plongée dans le monde musulman, elle se rapproche d'une confrérie soufie qui la guide dans une sorte de cheminement intérieur et lui inspire une attitude toujours plus contemplative. Elle est initiée aux rites de l'ordre de la Qâdiriyya, ce qui est unique à la fois pour une femme et pour une Européenne. Elle porte autour de son cou le chapelet donné par le cheikh qui l'a admise. Un signe de reconnaissance.

Un jour de janvier 1901, un homme, qui prétend avoir agi sur les ordres d'Allah, l'attaque à coups de sabre. Gravement blessée au bras et à la tête, elle en réchappe à peine et passe un mois à l'hôpital militaire d'El-Oued. Pourquoi a-t-il cherché à la tuer ? Au procès, il est montré comme un fanatique, peut-être parce qu'il appartient à une autre confrérie religieuse, mais ses explications embrouillées ne sont pas prises en compte. Isabelle refuse de l'accabler et grâce à son intervention, il évite une peine à perpétuité.

Pour les autorités coloniales qui commençaient à s'interroger sur ses allées et venues et à la regarder comme une espionne potentielle – elle a écrit des articles sur son attentat dans la *Dépêche algérienne* –, cette affaire leur donne un prétexte parfait pour l'expulser. Elle doit donc quitter l'Algérie.

De retour sur le bateau qui la mène à Marseille sous le nom de Pierre Mouchet, elle voyage sur l'entrepont, une classe alors interdite aux femmes seules. Puis sur les docks, vêtue comme un matelot, elle travaille en tant qu'« arrimeur-poulieur ». Heureusement le mariage civil avec Slimène lui permet de prendre la nationalité française et de revenir cette fois définitivement sur sa terre d'élection. Il ne lui reste que quelques années pour poursuivre son rêve de Sahara et de paradis terrestre. Monter son cheval, dormir à la belle étoile, rêver, prier, repartir encore. Peu de temps avant de disparaître sous les décombres d'une petite maison d'Aïn-Sefra après une brutale montée des eaux qui va tout emporter sur son passage.

Sur sa tombe sont écrits à la fois « Isabelle Eberhardt, épouse Ehni Sliman » et son nom arabe « Sidi Mahmoud ».

Poétesse queer

Pauline Mary Tarn, alias René(e) Vivien

« J'aime beaucoup les mystifications comme vous voyez[1] ! »

En surplomb du cimetière de Passy, une petite chapelle néogothique aux vitraux sombres est toujours fleurie de bouquets de violettes. Sur ses grilles fermées, des rubans de la même couleur sont noués, des cartes et des cœurs accrochés. Une boîte aux lettres y a même été installée un temps, comme pour entretenir un lien avec la jeune femme disparue à l'âge de trente-deux ans. Posée sur un rebord, une photo encadrée d'elle résiste aux années. Les yeux baissés, habillée d'une culotte courte en soie, d'une redingote, d'une chemise à col jabot, avec à la main un chapeau haut-de-forme, elle apparaît à l'image de ce romantisme décadent de la fin du XIXe siècle. Objet de ce pèlerinage fervent, Renée Vivien, icône

1. Renée Vivien, *Lettres inédites à Jean Charles-Brun*, Paris, Éditions du Mauconduit, 2020.

du saphisme, poétesse queer, dont une plaque fixée de côté, dévoile l'épitaphe :

« Voici donc mon âme ravie
Car elle s'apaise et s'endort
Ayant pour l'amour de la Mort
Pardonné ce crime : la Vie[2] *! »*

Une place dans le 3e arrondissement de Paris porte depuis peu son nom. Pourtant il apparaît rarement dans la plupart des anthologies. Lorsqu'on la cite, on la rattache au Paris de la Belle Époque, aux silhouettes de Colette, de Liane de Pougy ou de Natalie Clifford Barney.

Contrairement à ce que son patronyme indique, elle est de nationalité britannique, née Pauline Mary Tarn, à Londres, d'une mère américaine d'origine française et d'un père anglais. À neuf ans, elle perd son père, un rentier, nanti, légataire d'une chaîne de magasins. Quelques années plus tard, après avoir grandi entre Paris et Fontainebleau où elle est en pension avec sa sœur cadette, elle rentre contre son gré en Angleterre, car Mrs Tarn veut se rapprocher de son nouvel amant. Pour Pauline, c'est un déracinement. Elle déteste son pays d'origine, noyé dans le brouillard, accablé par le spleen. Elle n'a que la poésie pour refuge. Sa mère non seulement ne lui manifeste aucune affection, mais détourne allégrement les sommes de la succession paternelle prévues pour ses filles. Pauline fugue.

---

2. « Épitaphe sur une pierre tombale », in *Haillons*, Paris, E. Sansot, 1910.

Un soir, elle abuse d'un sédatif. Il n'en fallait pas davantage à sa mère pour la faire interner dans une maison de santé – une nouvelle manœuvre pour récupérer une partie de la fortune qui lui a été léguée. Mais le médecin, qui ne trouve pas son état mental préoccupant, s'y oppose. Au vu des mauvais rapports avec sa mère, Pauline va obtenir, après un procès, une protection juridique et devenir pupille de la Cour jusqu'à sa majorité. Isolée, malheureuse, elle n'a qu'une hâte, renouer avec Paris. Et surtout oublier Londres et la langue de Shakespeare pour revenir à l'usage du français qu'elle maîtrise à la perfection.

Ses retrouvailles avec la capitale lui donnent envie de se réinventer. D'abandonner l'identité de Pauline Mary Tarn et, avec elle, sa pesante hérédité anglo-saxonne. Elle avait pensé, plus jeune, à un premier nom d'emprunt masculin à consonance française, « Armant Lepin ». Finalement, ce sera « René(e) Vivien ». Jean Charles-Brun, son professeur de prosodie et helléniste agrégé, rapporte qu'elle s'en est remise au hasard du Bottin. Mais il est difficile de ne pas voir dans « René(e) » une volonté délibérée de s'arrêter sur un prénom mixte. Ou d'entendre les deux syllabes : *Re-né*, dont le double sens traduit une renaissance. De même « Vivien » – une autre juxtaposition de deux mots forts : *Vie* et *Vient* – induit une symbolique qui ne peut que séduire la poétesse.

Elle retrouve une amie de pensionnat, Violet Shillito, avec laquelle elle a vécu dans ses jeunes années une « *communion sororale* ». Elle lui présente une riche héritière, lesbienne affichée, Natalie Clifford Barney. D'origine américaine, celle-ci a également choisi de vivre à Paris. Elle est à la fois connue pour sa tumultueuse aventure avec la courtisane Liane de Pougy et pour avoir publié un recueil de poèmes. Renée et Natalie se rapprochent amoureusement et poursuivent une même quête poétique. Natalie lui fait découvrir le génie lyrique de Sappho, et toutes deux rêvent de fonder à Mytilène, sur l'île de Lesbos, une colonie de poétesses.

Renée, enflammée, lui dédie de nouveaux poèmes. Natalie l'encourage à les publier. Ce sera à compte d'auteur, chez l'éditeur-imprimeur Alphonse Lemerre, spécialiste du Parnasse. Elle compare son futur ouvrage à un « *voilier frêle, sur le grand océan* » dont elle n'est pas sûre qu'il parviendra « *triomphalement au port* ». C'est ainsi que paraît en 1901 *Études et Préludes,* sous le nom tronqué de R. Vivien, avec une carte de visite, insérée dans ses envois, signée de René Vivien. Comme beaucoup d'autres avant elle, par peur de la critique, elle pense que sous un pseudonyme masculin, elle gardera toutes ses chances.

La preuve en est qu'un jour, elle entend un conférencier, très enthousiaste, s'exalter sur ces poèmes d'amour qu'il imagine écrits par un « *tout jeune homme idolâtre d'une première maîtresse*[3] ». Natalie et René(e), dans la salle, sont prises d'un tel fou rire qu'elles courent vers la sortie. De fait, aucun indice de genre ne peut vraiment révéler qui s'exprime, puisque René(e) a effacé toute trace de pronom ou d'accord. Suivent deux autres recueils de poésie, tou-

3. Natalie Clifford Barney, *Souvenirs indiscrets*, Paris, Flammarion, 1960.

jours sous le nom de R. Vivien, et plutôt bien accueillis. Dans l'un d'entre eux, *Évocations*, la figure tutélaire de Sappho, apparaît pourtant plus clairement.

René(e) reçoit des lettres d'admiration adressées à M. Vivien, ce qui lui plaît d'autant plus que, timide et solitaire, elle ne souhaite pas s'exposer. Dans sa correspondance, elle s'amuse à jouer de ses signatures, utilisant parfois Pauline, ou René(e), mais aussi Paul, et même « Petit Paul pour les Dames », ou « ton boy René(e) » pour une amante. Et si l'on frappe à sa porte, elle n'hésite pas à se servir d'une personne-écran – une gouvernante – pour se présenter à sa place.

Un immense désarroi s'empare de René(e) lorsqu'elle apprend la mort précoce de son amie Violet. Elle gardera, en mémoire de son prénom, un amour excessif pour les fleurs du même nom. Dans ces mêmes années, elle croise Colette qui se dit frappée par le contraste entre le visage si jeune de Renée et la « *tragique tristesse qui rythme ses vers*[4] ».

Entretemps, sa relation si intense et emportée avec Natalie se délite. Celle-ci, surnommée « l'Amazone » par Remy de Gourmont, n'a pas l'intention de s'arrêter à leur seule histoire et la trompe régulièrement. Elles finissent par se séparer. René(e), folle de douleur, tente de se suicider de la manière la plus romanesque qui soit, avec ce qu'elle nomme « *l'asphyxie par les fleurs* ». Elle s'ensevelit sous « *des brassées de tubéreuses*[5] » après avoir pris un sédatif et

4. Colette, *Le Pur et l'Impur*, Paris, Le Livre de Poche, 1988.
5. René(e) Vivien, *Lettres inédites à Jean Charles-Brun*, *op. cit.*

en se calfeutrant le plus possible dans une pièce. Mais ce rêve de « *passer doucement du sommeil à la mort* » n'aboutit pas.

En 1903, elle franchit un pas en signant René avec un *e*, à l'occasion de sa traduction de l'œuvre de Sappho. Il a fallu qu'elle mène à cet effet d'importantes recherches, ne serait-ce que pour réunir les fragments des vers de la poétesse. Son travail est salué quasi unanimement : elle a réussi non seulement à adapter la savante construction de la strophe antique à la prosodie française, mais en a aussi restitué la merveilleuse musicalité. Mais si la critique l'a encensée jusque-là en la comparant à Verlaine ou à Baudelaire et sans nécessairement voir l'érotisme de ses poésies, elle va bientôt changer d'avis. Car plus son lesbianisme s'affirme, plus elle se fait éreinter. On condamne une « perversité » trop sombre et on la rejette.

Dans cette fin de siècle domine encore le courant du décadentisme qui exprime un penchant pour les obsessions bizarres et les dépravations de toutes sortes. En revanche, les fantasmes sur les femmes viennent toujours d'un prisme masculin. Or René(e) Vivien veut rendre aux femmes une vision propre sans qu'elle soit faussée par le regard des hommes et revendique une poésie inspirée par et pour les femmes.

Par ailleurs, si le saphisme a pu être célébré d'un point de vue masculin, il est beaucoup moins toléré venant de la part d'une femme. René(e) Vivien, qui met en avant un neutre androgyne, dérange. Parallèlement, au fil de ses nouvelles et de ses romans, elle affiche haut et fort le droit des femmes à leur différence et à leur émancipation, tout en faisant preuve d'un certain mépris pour la famille et la maternité.

Dans sa vie privée, un nouvel espoir la pousse un temps dans les bras de la baronne de Zuylen de Nyevelt, qui a une influence positive sur elle. Toutes deux produisent ensemble roman, poèmes et contes, sous un nouveau pseudonyme, Paule Riversdale. Elles se quittent au moment où René(e) reçoit la lettre d'une admiratrice stambouliote à laquelle elle ne peut rester insensible. Kérimé Turkhan Pacha est une cousine des fameuses sœurs de Nouri Bey – celles qui vont participer avec Marie Lera, alias Marc Hélys, à la supercherie autour de Pierre Loti[6]. Mais en dépit de ses relations amoureuses, de grands voyages à Hawaï ou au Japon en passant par la Grèce, ou même de ses incursions dans le demi-monde, les deux dernières années de Renée Vivien ressemblent à une descente aux enfers. La jeune femme, d'une sensibilité fiévreuse et morbide, s'abîmant entre rêves et hallucinations, va trop vite se consumer.

En moins de dix années, elle a publié une douzaine de recueils de poésie, des romans, des nouvelles, et réserve désormais ses seuls tirages à ses amis, voulant se soustraire aux vicissitudes de l'édition. Après une nouvelle tentative de suicide, son anorexie et son alcoolisme que vient alourdir une dépression latente s'aggravent. Devenue un corps trop léger derrière

6. Voir p. 195 « Marie Lera, alias Marc Hélys ».

ses éternels bouquets de fleurs, la silhouette vêtue de noir ou de violet se laisse mourir.

Ainsi est-elle revenue sur les rives idéales de Mytilène.

LGBTQIA+ avant la lettre

Marguerite Radclyffe-Hall, alias Radclyffe Hall

« On la jugeait singulière, ce qui, dans ce milieu, équivalait à une réprobation[1]. »

Ce 9 novembre 1928, elle se présente au tribunal. Son livre accusé d'obscénité doit être jugé ce jour. La salle peut se repaître du spectacle de l'écrivaine de quarante-huit ans, Marguerite Radclyffe-Hall, ou plutôt Radclyffe Hall comme elle a choisi de se faire connaître, dont l'ouvrage est incriminé. Un nom de plume qui reprend son patronyme familial, le trait d'union en moins, dont la première moitié est devenue son prénom. Ce qui n'est pas loin de la réalité puisque son père s'appelait Radclyffe Radclyffe-Hall (prénom identique au nom), comme pour mieux affirmer sa personne.

---

1. Radclyffe Hall, *Le Puits de solitude*, Paris, Gallimard, 2006, coll. « L'Imaginaire ».

Elle enlève son chapeau en feutre à larges bords et découvre ses cheveux coupés courts, brossés en arrière, puis, sous son lourd manteau, un veston d'homme ajusté et une cravate nouée autour de son cou. À la main gauche, elle porte deux lourdes bagues et tient un monocle entre ses doigts – signe lesbien par excellence. Elle correspond à l'image de son héroïne, une femme délibérément masculine qui, en dépit des obstacles, ne souhaite plus se cacher pour vivre sa sexualité. Radclyffe Hall, elle, ne craint pas la confrontation. N'a-t-elle pas attaqué pour diffamation un homme qui l'avait traitée de femme immorale et gagné son procès ? Mais cette fois, son affaire se présente assez mal.

Un scandale a éclaté récemment. Car depuis sa sortie voici trois mois, son roman *Le Puits de solitude* a subi la vindicte d'un éditorialiste du *Sunday Express* qui n'a pas hésité à lancer la cavalerie lourde. Le titre de son article, « Un livre à interdire », donne le ton, d'autant qu'il est mis en corrélation avec une photo de Hall qui transgresse comme toujours les codes vestimentaires de son sexe, posant devant l'objectif une main dans la poche de sa veste de smoking et tenant une cigarette de l'autre. Sur cinq colonnes, le détracteur fustige ce « *poison moral* » qu'est l'homosexualité auquel cet ouvrage donne droit de cité. Un précédent dans les annales de la littérature. Mieux vaudrait selon lui prendre « *une fiole d'acide prussique* » plutôt que lire ce roman. Il laisse également entendre, et ce serait presque un compliment, à quel point l'autrice est habile dans ses propos, ce qui est pour lui toujours plus insidieux et surtout plus dangereux. Magnanime dans sa croisade, il espère que l'auteur comme l'éditeur répareront leur erreur. Pour ce faire, il exige que le roman soit retiré sur-le-champ des ventes.

C'est de fait la première fois en Angleterre qu'un récit écrit par une femme évoque sans détour une héroïne lesbienne. Curieusement, trois mois d'écart plus tard, Virginia Woolf publie de son côté *Orlando* – l'histoire d'un homme qui change de sexe à trente-six ans – sans déclencher de foudres. Mais celui de Radclyffe est soupçonné de « *corrompre l'esprit des jeunes s'il tombait entre leurs mains* ». Pourtant, rien de scabreux dans ce qui est décrit, aucune relation sexuelle n'y est dépeinte, juste un échange de baisers. Il s'agit davantage du long chemin qu'emprunte une femme attirée par son propre sexe. Avec un prénom d'homme, Stephen – son père voulait un garçon et c'est ce qu'elle va s'évertuer à devenir –, l'héroïne du roman se sent seule et surtout différente face à la réprobation des autres, y compris dans son milieu. Elle va essayer de se comprendre en vivant plusieurs expériences. Sur le front pendant la Première Guerre mondiale où elle s'est engagée comme conductrice d'ambulance, puis dans le Paris des années 1920, avec ses salons mondains et bars homosexuels parisiens. Mais pour les « *sans-patrie du sexe* », la fin n'est jamais heureuse, même lorsqu'elle trouve enfin l'amour tant recherché. Elle finit par se sacrifier pour celle qui lui préfère finalement les bras d'un homme.

Confiante et combattive à la fois, Radclyffe Hall peut espérer une issue positive à son procès – près de trente-cinq ans après celui d'Oscar Wilde pour

« grossières indécences ». Elle pense aussi sans doute que la société a changé. Comme elle l'a signifié à son éditeur, Jonathan Cape, elle a voulu mettre « *sa plume au service des personnes les plus persécutées et incomprises au monde*[2] », persuadée que « *rien de tel n'a jamais été tenté en fiction* ». Et pourtant dans *Sous influence*, l'un de ses premiers romans, elle a déjà minutieusement exploré le destin contrarié d'une jeune femme trop garçonne, en quête de ses propres désirs.

L'éditeur en question, qui a créé sa maison voilà seulement sept ans, compte dans son catalogue des auteurs prestigieux, et vient en outre de remporter un énorme succès avec un récit autobiographique de T. E. Lawrence, dit *Lawrence d'Arabie*. Il sait qu'il va prendre un risque, mais en espère d'importantes retombées. Il a pensé mettre en introduction au *Puits de solitude* le mot très positif qu'Havelock Ellis, pionnier de la sexologie en Angleterre, a envoyé à Radclyffe. Car celle-ci s'est en effet appuyée sur une étude du médecin pour utiliser le terme « d'invertie » : une lesbienne masculine, c'est-à-dire transmasculine, dont elle se sert pour elle-même comme pour son héroïne. Havelock Ellis ne souhaitant pas être mis en avant, ils se passeront donc de sa caution « scientifique ». Enfin, le livre est vendu à un prix élevé, ce qui le destine à une clientèle plus cultivée.

L'éditeur a aussi envoyé un grand nombre de lettres aux écrivains et intellectuels susceptibles de

2. Cité in Sally Cline, *Radclyffe Hall, A Woman Called John*, London, John Murray, 1997.

prendre parti. Certains ont prudemment décliné, d'autres n'ont pas répondu, mais quelques-uns n'ont pas hésité, comme Vita Sackville-West, E. M. Forster, T. S. Eliot, ou enfin Virginia Woolf, même si cette dernière apprécie modérément l'ouvrage, selon elle, « *pâle, tiède et insipide* ». Pour eux tous, il s'agit avant tout d'apporter un soutien en faveur de la liberté d'expression.

Pourtant, le jugement se solde par l'interdiction de son ouvrage et une destruction de tous les exemplaires. Une violence inouïe pour l'autrice et une déception pour beaucoup de constater que l'évolution de la société est encore à la peine. Malgré un appel, la condamnation reste inchangée. Entretemps, le livre acheté par l'éditeur Alfred A. Knopf aux États-Unis connaît un sort similaire, si ce n'est que la cour finit par rejeter l'accusation. L'avocat s'est évertué là-bas à rendre explicite la pudeur infinie avec laquelle l'homosexualité est traitée dans le récit et invoque comme contre-exemple *Mademoiselle de Maupin* de Théophile Gautier, l'autobiographie d'une prostituée, autrement plus détaillée. *Le Puits de solitude* continue donc son envolée outre-Atlantique.

Au Royaume-Uni, pendant la longue période de censure, le roman est importé clandestinement. Il faudra attendre six ans après la mort de Radclyffe, donc une vingtaine d'années après le procès, pour qu'il puisse reparaître. Le temps de (re)devenir iconique.

Les premières critiques avaient souligné une recherche psychologique courageuse, « *l'étude profonde et émouvante d'un problème profond et émouvant* » (*Daily Herald*). Pour grand nombre de lecteurs et lectrices, ce sera, comme Radclyffe l'a souhaité, un chemin vers un « *droit à l'existence* », un plaidoyer et un encouragement pour les générations à venir.

L'autrice, qui a écrit sept romans, cinq recueils de poésie ainsi qu'un bon nombre de nouvelles, a donc signé un classique de la littérature lesbienne. Celle que son entourage proche a prénommée John a pu vivre à sa guise, grâce à sa fortune personnelle, avec ses compagnes successives. Dans sa vie privée comme publique, son pseudonyme a été essentiel. Née Marguerite – elle n'a jamais compris comment sa mère avait pu s'enticher d'un prénom aussi peu anglais –, serait-elle devenue écrivain ? « *Marguerite n'est plus. Elle s'en est allée vers une terre meilleure*[3] », a-t-elle déclaré avec humour. Radclyffe pouvait alors s'imposer. Et ses livres s'écrire.

3. *Ibid.*

L'antimuse

Catherine Pozzi, alias C. K.

> « *J'avais une sorte d'horreur sacrée de voir mon cœur en imprimé*[1]. »

La vie n'a pas épargné Catherine Pozzi, minée par la maladie dès la fin de sa vingtaine. Hormis son *Journal*, témoignage majeur de ses recherches, si peu est resté d'elle, son œuvre morcelée dévoilant la ferveur vertigineuse d'une vie intérieure, le flamboiement d'une pensée en mouvement. Un timbre singulier et une folle intensité, une empreinte rare.

Elle n'a jamais voulu publier sous son nom, mais sous deux initiales, C. pour Catherine et K. pour Karine, comme la surnomme Paul Valéry. Hors de question d'apparaître en tant qu'autrice car, pour elle, seule compte la création « *par excellence* » derrière laquelle il faut s'effacer. Elle a même confié

1. Catherine Pozzi, *Journal*, 8 février 1827, Paris, Phébus, 2005.

qu'elle ne pourrait jamais « *s'habituer à lire (s)on nom au bas d'un poème*[2] ».

Mais la réalité est à double tranchant et, si elle se décide enfin à sauter le pas de l'édition, c'est précisément en raison de Paul Valéry. Elle vit depuis 1920, date de leur rencontre, une relation exigeante, absolue, une fusion spirituelle et intellectuelle avec lui. Mais son « *très haut amour* » va aussi se révéler un « *enfer* ». Non seulement le grand monsieur des lettres françaises est marié et n'a pas l'intention de quitter sa famille, mais c'est aussi un mondain qui ne dédaigne ni les salons ni la course aux honneurs, une faiblesse selon elle. Et puis, la réciprocité, l'osmose complète vers lesquelles elle tend si ardemment ne l'empêchent pas de trouver ici ou là des emprunts à ses écrits dans les *Cahiers* de Valéry, ces pages quotidiennes qu'il tient sans faillir. Troublée de constater qu'il se sert ainsi de leurs échanges et craignant de voir son travail aspiré dans le vortex valéryen, elle n'a plus d'autre choix que de publier son texte, intitulé *Agnès*, une sorte d'autobiographie épistolaire. L'ironie, c'est qu'elle est obligée de passer par lui.

Par son intermédiaire donc, en 1927, Jean Paulhan, sans connaître l'identité de « l'auteur », accepte le manuscrit dans la *Nouvelle Revue française*. Qui peut se cacher derrière ces mystérieuses initiales, voilà de quoi affoler le landerneau littéraire, persuadé qu'il s'agit de Valéry, ou peut-être de sa fille Agathe dissimulée sous le prénom de l'héroïne.

2. Catherine Pozzi et Jean Paulhan, *Correspondance*, Paris, Éditions Claire Paulhan, 1999.

Enfin, un article suggère qu'il pourrait s'agir d'une « collaboration » avec Catherine Pozzi. Et Valéry de lui demander de ne pas se manifester car il a promis à sa femme de se séparer d'elle. Abattue, Catherine s'exclame : « *Quelle que soit l'œuvre que je publie, ce sera toujours lui, puisque l'on croit que nous "travaillons" ensemble et que l'on n'attribue pas, en général, à l'influence de la lune, l'éclat du soleil*[3]. » Et pourtant, *Agnès* est bien son histoire à elle, celle de la narratrice, une jeune fille solitaire, déterminée à s'instruire alors qu'elle est engluée dans une famille bourgeoise, dominée par un père absent et mondain.

Sa vie aurait dû être favorisée en raison de son milieu social, mais cela a juste exacerbé en elle un autre désir, celui de la connaissance. Née place Vendôme, elle est la fille d'un médecin célèbre dont les dames du monde raffolent, le « *docteur-dieu* » selon le surnom que lui a donné Sarah Bernhardt, sa maîtresse. Chirurgien, fondateur de la première chaire de gynécologie de la faculté de Paris, sénateur, bibliophile et même poète à ses heures, Samuel Pozzi est l'ami entre autres de Georges Clemenceau, Robert de Montesquiou et Leconte de Lisle. Il fréquente la famille Proust, aidant par ailleurs le jeune Marcel à éviter la mobilisation – en retour il va être immortalisé dans *La Recherche* sous les traits du Dr Cottard. Un dandy, un esthète, une star, la coqueluche du Tout-Paris. Il est si « *beau, beau… que c'en est dégoûtant* », résume une princesse de ses amies. Mais il vaut mieux ne pas être sa fille en

3. Catherine Pozzi, *Journal*, 9 mai 1927, *op. cit.*

termes d'éducation. Car le bon docteur Pozzi est farouchement opposé aux études des demoiselles. Pire encore, en tant que sénateur, il se prononce contre l'admission d'étudiantes au sein de la carrière médicale. La jeune Catherine ne va pas pouvoir bénéficier de la même instruction que ses frères et devoir piocher, ici ou là, au hasard de ses lectures, des bribes de sa culture. Son destin doit être parachevé par le mariage, ce que lui assènent, outre ses parents, de beaux esprits qui l'entourent, comme ce professeur à la Sorbonne et membre à l'Institut, qui lui conseille de « *laisser son cerveau tranquille*[4] » plutôt que de vouloir le confronter à la philosophie ou à d'autres matières. La jeune femme aurait préféré rester libre et avoir le choix de sa destinée. Elle consent finalement sans conviction à épouser un ami d'adolescence, plus jeune qu'elle, Édouard Bourdet, qui va devenir un auteur de pièces de boulevard à succès et dont elle aura un fils. Un mariage raté dès leur retour de voyage de noces. Le docteur Pozzi va quant à lui finir tragiquement, tué d'un coup de revolver par un de ses patients qui lui reproche de l'avoir rendu impuissant après une opération chirurgicale. Son assassin se suicide juste après.

Un an plus tard, à trente-sept ans, Catherine l'autodidacte prend une revanche en passant le baccalauréat. Bien que menacée par la tuberculose, elle se lance à corps perdu dans les sciences et la philosophie. Entretemps, elle a basculé dans cette rela-

4. Gustave Le Bon et Albert Dastre, cités in Colette Cosnier, *Le Silence des filles*, Paris, Fayard, 2001.

tion âpre et gémellaire avec Paul Valéry où elle se dévoue à lui, l'aidant à relire, à classer et à annoter ses *Cahiers*, partageant des pensées « *étrangement pareilles* », comme il le formule. Une blessure et une amertume qu'elle rumine face à son âme sœur. « *Je n'ai jamais eu qu'une raison pour écrire, celle de me défendre*[5]. » Ce cri dans son *Journal* marque sa déception et sa brûlure.

De son vivant, seuls un poème et *Agnès* sont parus. À titre posthume ont été édités son *Journal*, puis *Peau d'âme*, un essai métaphysico-philosophique, dont elle avait précisé en préambule, mi-provocatrice mi-vaincue : « *J'ai écrit ce livre pour tous, sachant que nul le lirait.* » Et enfin quelques poèmes. Dans le dernier qu'elle compose un mois avant sa mort, « Nyx », elle s'interroge encore :

> « *Je ne sais pas de qui je suis la proie*
> *Je ne sais pas de qui je suis l'amour.* »

---

5. Catherine Pozzi, *Journal*, *op. cit.*

La baronne fantastique

Karen Blixen, alias Isak Dinesen

« Personne n'a payé plus cher son entrée en littérature[1]. »

Assise en bout de table, souriante, la baronne Blixen joue son rôle d'invitée d'honneur à la perfection. Un verre de champagne à la main, une cigarette qu'elle allume sans vraiment la fumer dans l'autre, lorsqu'elle prend la parole de sa voix grave, tous se taisent, fascinés. À sa gauche, le dramaturge Arthur Miller, à sa droite Carson McCullers et... Marilyn Monroe. Une réunion aussi inattendue que réjouissante. Les regards pétillent et la conversation est vive.

Le sac que la baronne a gardé près d'elle occupe la moitié de son fauteuil tant elle est menue. Sur la tête, elle porte un bandeau savamment noué qui s'enroule aussi autour de son cou. Avec son visage

1. Karen Blixen, *Lettres du Danemark*, Paris, Gallimard, 2002.

pointu, ses yeux charbonneux et malicieux, elle ressemble à un elfe surgi d'un autre âge. Venue à New York en février 1959, un peu avant son soixante-quatorzième anniversaire, elle y est accueillie triomphalement. La veille, au dîner de l'Académie des Arts et des Lettres, elle a rencontré Carson McCullers qui lui a dit relire *La Ferme africaine* une fois par an. De son côté, l'autrice danoise admire tout autant *Le Cœur est un chasseur solitaire*. Pourquoi ne pas se revoir ? Carson propose un déjeuner chez elle à Nyack, à cinquante kilomètres de New York. Et pour faire plaisir à Karen Blixen qui rêve de faire la connaissance de Marilyn Monroe, pas de problème, Carson la connaît depuis qu'elles ont été voisines à New York. Les Miller sont venus chercher Karen et sa secrétaire, Clara – avec beaucoup de retard… Marilyn étant fidèle à sa légende.

Carson et Karen sont toutes les deux sévèrement malades. Carson, paralysée d'un côté, une de ses mains complètement inerte et recroquevillée, avance difficilement à l'aide de sa canne. Karen, qui se nourrit à peine de quelques grains de raisin et d'huîtres, est d'une maigreur effrayante. Elle souffre de lésions de la moelle épinière causées par ses traitements à l'arsenic et au mercure. Mais la grande conteuse qu'elle est ne laisse rien entrevoir. Elle n'a aucun mal à les fasciner avec ses histoires africaines, surtout lorsqu'elle leur parle des lions dans la savane.

Depuis son arrivée en Amérique, elle cumule les invitations. Un déjeuner en son honneur est organisé au luxueux St Regis, sur la 5e Avenue, avec Truman Capote et Cecil Beaton, le photographe.

John Steinbeck donne un cocktail pour elle. Sidney Lumet, le réalisateur de *Douze Hommes en colère*, la porte dans ses bras pour qu'elle puisse admirer la vue en haut de sa terrasse tandis que sa femme Gloria Vanderbilt lui offre un tailleur d'une maison de couture. Mélomane, la baronne ne veut pas rater Maria Callas qui se produit au Met et, sur le parvis, se retrouve elle-même entourée de curieux comme si c'était elle la diva. Si le séjour l'exalte et lui fait oublier sa santé délabrée, son corps dénutri – elle pèse à peine trente-cinq kilos – se rappelle à elle. Elle va être hospitalisée d'urgence, puis rapatriée dans son pays.

Vingt-cinq années avant cette consécration, le pseudonyme d'Isak Dinesen est apparu pour la première fois dans les librairies américaines. Car le goût des noms d'emprunt est ancré dans son histoire familiale. Wilhelm Dinesen, son père, un officier ayant notamment servi pendant la guerre franco-prussienne, a vécu pendant deux ans en Amérique et au Canada, où il a été trappeur. Il a publié un livre sous le surnom de « Boganis », celui que lui avaient donné les Chippewas et qui signifie « noisette ». Enfant, Karen l'accompagne dans de longues promenades où il lui raconte les extraordinaires péripéties de ses voyages et de ses aventures. Mais il s'absente beaucoup, notamment pour écrire dans un appartement à Copenhague alors que la famille vit à une vingtaine de kilomètres dans un domaine en bord de mer. Elle a dix ans quand il se suicide. Il est vraisemblable qu'il ait décidé d'en finir, apprenant qu'il était atteint de syphilis.

À dix-sept ans, Karen part étudier à l'Académie royale des Beaux-Arts de Copenhague. Mais commence aussi très vite à écrire. Elle a pour projet un recueil qui s'intitulerait *Histoires vraisemblables* et parvient à faire publier quatre récits dans des revues littéraires. Elle signe alors sous un nom indien, Osceola, issu d'un chef séminole, le même que son père avait pris pour… leur berger allemand. Un jour, elle rencontre les jumeaux d'une branche suédoise de leur famille, les barons Hans et Bror von Blixen-Finecke. Elle tombe amoureuse du premier, charmeur, mais indifférent à elle. Et se tourne finalement vers Bror, fantasque et irresponsable. Elle a déjà vingt-sept ans. Bror aimerait voyager. Loin. Ils s'entendent assez pour tenter une aventure commune.

Ce sera le Kenya. Au pied du Ngong, près de Nairobi, l'inoubliable lieu de sa *Ferme africaine*. Après avoir acheté une plantation de café grâce à l'investissement de la famille de Karen, ils vont se séparer au bout de sept ans. Elle va tant bien que mal tenir l'exploitation avant de la revendre et de rentrer au Danemark dix-sept ans après son départ. Son époux volage lui a laissé entretemps un cadeau empoisonné, la syphilis, qui va dégénérer en trouble neurologique en raison de traitements tout aussi toxiques. Encore une résonance avec son père qui a souffert de cette même maladie. « *J'ai eu la curieuse impression que le destin de mon père s'est, en quelque sorte, reproduit dans le mien*[2] », dit celle qui va affir-

2. *Ibid.*

mer avec un certain panache que la syphilis est une maladie qui « *touche les héros et les poètes* ».

De retour dans le domaine familial, elle se remet à écrire. Son manuscrit des *Sept Contes gothiques*, écrit en anglais, est refusé un peu partout. C'est finalement une petite maison d'édition américaine qui l'accepte sans craindre de promouvoir le livre d'un inconnu : Isak Dinesen.

Un nom qui marque un désir de se rattacher symboliquement à celui de son père. Comme pour le laisser s'exprimer à travers elle. Isak – la version danoise d'Isaac – est dans la Bible l'enfant dont la naissance est annoncée aux futurs parents, Sarah et Abraham, pourtant vieillards. Sarah, en apprenant cette nouvelle, aurait éclaté de rire. *Isaac* en hébreu veut donc dire « le rire ». Il traduit à la fois la volonté divine et un miracle survenu au crépuscule de la vie. De fait, Karen, à presque cinquante ans, parvient à naître une seconde fois. Dans la Genèse toujours, Dieu exige ensuite d'Abraham de sacrifier Isaac, son fils unique. Lorsque le vieil homme s'apprête à obéir, à la dernière minute, un ange sauve le jeune garçon. Le prénom ne va pas sans sous-entendre les épreuves à traverser, comme celles requises par l'écriture.

Enfin ce pseudonyme masculin réaffirme l'ambition d'une femme qui refuse d'être freinée sur le chemin de ses aspirations. Dans le Danemark puritain de l'époque, elle se sent plus libre dans la peau d'un autre. Les héroïnes de ses contes gothiques sont en général plus aventureuses que les hommes. Elle n'aime rien tant que s'affranchir des normes du réel ou des codes genrés. Dans *Le Raz-de-marée de Norderney*, par exemple, elle crée un personnage féminin, élevé en homme par son oncle qui ne lui a jamais révélé son sexe d'origine. Elle souffre donc de sa différence lorsqu'elle se compare aux jeunes hommes. En revanche, lorsqu'elle est seule dans sa chambre, elle s'autorise le plaisir de s'habiller en femme. Il s'agit toujours pour Karen Blixen d'interroger son lecteur, notamment sur ce qu'il croit entrevoir ou comprendre de la réalité : un fou est-il un sage, une femme un homme, un savant un pécheur ? L'identité est mouvante par essence.

L'écrivaine a aussi fait un autre choix drastique dans son écriture : abandonner sa langue natale pour l'anglais. Sans doute les années passées au Kenya jouent-elles. Et puis le marché danois est limité. Viser le public anglo-saxon avec un pseudonyme masculin, c'est aussi la garantie de ne pas être cataloguée, d'être lue sans préjugés sur la vertu du seul texte. En s'emparant d'une langue étrangère, ne devient-on pas un autre, un être double et insaisissable ? Une stratégie du travestissement dont elle s'amuse aussi dans des photos savamment mises en scène à l'aide de fourrures, chapeaux, voilette, plumes, ou même d'un costume de Pierrot, autant d'accessoires qui aident à sa métamorphose, jusqu'à une réinvention du soi.

Lorsque ses *Sept Contes gothiques* deviennent un best-seller en Amérique, les Danois sont alors curieux de connaître l'identité de ce compatriote inconnu qui a fait une telle percée dans le Nouveau Monde. Une manière de revanche pour celle qui n'a pas été prophète dans son pays. Par ailleurs, elle n'est pas satisfaite des traductions en danois qui vont lui être proposées. Elle s'y met elle-même, allant jusqu'à réécrire des passages entiers. Il lui faut trouver l'écho parfait des mots du danois à l'anglais et inversement, comme dans un éternel jeu de miroirs.

Mais la parution de son livre au Danemark, toujours sous le nom d'Isak Dinesen, plaît beaucoup moins qu'outre-Atlantique. Les critiques peu élogieuses, évoquent supercherie, pastiche, « *illusion linguistique* », enfin une écrivaine « *tortueuse* », avec dans le viseur l'aspect « *maladif* » de cette prose. Ce qui gêne l'un des journalistes le plus véhément contre son ouvrage, c'est précisément l'inversion des genres.

Elle va garder le nom de Dinesen pour ses livres en Amérique et en Angleterre, et reprendre le nom de Karen Blixen pour le Danemark. Mais elle n'en a pas fini avec les pseudonymes. *Les Voies de la vengeance*, un roman policier pseudo-historique, est signé Pierre Andrézel. Il est présenté comme une traduction du français qu'aurait réalisée sa secrétaire, Clara Svendsen. Encore un tour de Karen/Isak. Rapidement démasquée, elle nie. Puis réfute ce livre qu'elle va du bout des lèvres appeler un « *enfant illégitime* » et mettre au ban de son œuvre.

Dans ses années de vieillesse, la baronne va littéralement ensorceler deux personnes de son entourage : sa secrétaire, qui restera à ses côtés pendant vingt ans jusqu'à sa mort. Elle en fera à la fois sa confidente et son souffre-douleur ; et un poète danois de vingt-neuf ans (elle en a soixante-deux à leur rencontre), Thorkild Bjørnvig, prêt à lui donner son âme dans un pacte faustien secret entre eux deux. Une union qui fait écho à l'un de ses contes gothiques où un homme enferme un poète dans une cage afin de façonner le plus grand artiste de tous les temps.

Le proverbe dit : l'homme pense, Dieu rit. Chez Karen, dite Isak, ne serait-ce pas plutôt le diable ?

À deux sous le même masque

Lucy Schwob, alias Claude Cahun

« Masculin ? Féminin ? Mais ça dépend des cas. Neutre est le seul genre qui me convienne toujours[1]. »

En 1917, âgée de vingt-trois ans, elle se rase la tête et choisit un pseudonyme. Claude parce que c'est un prénom mixte et Cahun, d'après le nom de jeune fille de sa grand-mère, et qui renvoie à celui de Caïn, le fils maudit. La coupe drastique de ses cheveux, comme leur teinte dorée, argentée ou rose, l'effacement de ses sourcils destiné à ôter tout signe genré font partie de son manifeste. Cela s'accompagne de travestissements jouant sur la même ambiguïté, comme des vêtements d'homme, des lèvres peintes en noir et un monocle vissé sur l'œil. Autant de masques pour quitter l'assignation identitaire.

1. Claude Cahun, *Aveux non avenus*, Paris, Mille et une Nuits, 2011.

Née Lucy Schwob au sein de la grande bourgeoisie nantaise, la petite fille connaît à douze ans un épisode traumatique avec sa mère, dont l'état mental est tel qu'il faut l'enfermer dans un asile. Avant, il a fallu composer avec son comportement erratique : débordements d'affection et volées de coups. Lucy, jeune fille, subit au moment de l'affaire Dreyfus des attaques antisémites au collège, raison pour laquelle elle est envoyée en Angleterre poursuivre ses études.

Pourtant, sa famille a toujours connu une certaine assise intellectuelle.

Son grand-oncle Léon Cahun, philologue et orientaliste, est le conservateur-adjoint de la bibliothèque Mazarine. Son grand-père George fonde le journal *Le Phare de la Loire*. Son père Maurice en est ensuite le directeur. Enfin son oncle, Marcel Schwob, dont elle est la plus proche, est un poète et romancier symboliste de renom. Quand il décède alors qu'elle a onze ans, elle récupère une partie de sa bibliothèque – ainsi qu'un grand collier argenté aux motifs kabbalistiques qu'elle offrira plus tard à André Breton.

Rejeter le nom de Lucy Schwob, c'est se défaire d'une identité chargée. D'autant que l'écriture est chez les Schwob une affaire d'hommes. Elle a besoin de brouiller les pistes, de se réinventer dans une figure androgyne et de redéfinir son travail créatif : elle ne sera pas seulement écrivaine, artiste, ou photographe, mais les trois à la fois.

Avant de devenir Claude Cahun, elle a recours à d'autres patronymes. Tout d'abord, « Daniel Douglas », à la consonance anglo-saxonne, qui évoque « Bosie » (Alfred Douglas), l'amant d'Oscar Wilde. Une référence à celui qui a entraîné Wilde dans sa chute, puis vers la prison. Et pour elle, sans doute, une revendication de son lesbianisme.

Vient ensuite « Claude Courlis », le mot « courlis » désignant un oiseau migrateur au long bec arqué. Une manière pour elle à la fois de se réapproprier l'immonde cliché antisémite du nez crochu afin d'en détourner le stéréotype, une affirmation courageuse en ces temps de fascisme grimpant ; une volonté aussi d'aller au-delà des règles strictes de la judéité – son père est juif, mais sa mère d'origine catholique est convertie au protestantisme. Toutes ses signatures comportent deux initiales identiques, « DD » ou « CC », et annoncent une réflexion autour de la question du dédoublement, mais aussi du reflet et du miroir. C'est sous ce pseudonyme qu'elle signe en 1914 son premier ouvrage, *Vues et Visions* au Mercure de France, un recueil de poèmes en prose.

Entretemps, elle a rencontré son alter ego, Suzanne Malherbe. Comme un signe venu d'ailleurs, la future et unique compagne de sa vie devient aussi sa demi-sœur par alliance – car Maurice Schwob, son père, va épouser en secondes noces la mère de Suzanne. Au-delà de leur sentiment amoureux, leur association artistique est immédiate. Après des études aux Beaux-Arts de Nantes, Suzanne commence par illustrer les chroniques de mode que Lucy rédige pour le journal de son père en s'amusant à en détourner les genres sexués. Puis, rapidement, Suzanne se joint à elle pour ce qu'elles appellent leurs « œuvres siamoises ». Pour l'un de leur premier dessin commun, elles signent LSM, de leurs initiales entrelacées, L pour Lucy, S pour Suzanne et Schwob, M pour Malherbe. Quand on entend les trois lettres, on entend : « Elles s'aiment. »

Suzanne photographie, peint, grave et élabore des collages. Elle prend également un pseudonyme, très nettement masculin quant à lui : Marcel Moore. Marcel peut-être d'après Marcel Schwob, mais rien n'est exprimé dans ce sens. Leur partenariat artistique est constant, elles conçoivent, elles créent ensemble. « *Je suis l'un, tu es l'autre. Ou le contraire. Nos désirs se rencontrent*[2] », c'est ainsi que Claude Cahun définit leur interchangeabilité. De même, dans leurs photos – qu'elles soient toutes les deux devant l'objectif, ou seulement Claude –, elles effacent les frontières entre artiste et muse, autrice et sujet. Toujours à deux.

Au début des années 1920, lorsqu'elles partent à Paris, un nouveau modèle féminin s'impose avec la mode « garçonne », tandis qu'une culture parallèle émerge. Et dans les mouvements d'avant-garde, des figures lesbiennes se font connaître, certaines avec fracas. Lulu de Montparnasse ouvre « Le Monocle », rue Edgar Quinet – un accessoire prisé par la communauté lesbienne, ainsi que le port de la cravate ou le fume-cigarette. Cahun et Moore habitent rue Notre-Dame-des-Champs, non loin de la librairie de Sylvia Beach et d'Adrienne Monnier, ou de

2. *Ibid.*

l'appartement de Gertrude Stein et Alice B. Toklas. Autant de couples qui se fondent dans un projet conjoint, à la fois intime et professionnel.

L'un des thèmes majeurs de l'œuvre de Cahun et de Moore reste celui du masque, « *masque charnel et masque verbal* », celui qu'on emprunte, qu'on enlève, qu'on confronte. « *Sous ce masque, un autre masque, je n'en finirai pas de soulever tous ces visages*[3] », écrit Cahun. Dans ces multiplications à l'infini, plus de masculin ou de féminin, mais une indéfinition neutre. Devant l'œil photographique, elle se transforme en poupée, en matelot ou en dandy, dans une mise en abyme permanente du soi.

Elle s'attelle aussi à des récits biographiques d'héroïnes puisées dans la mythologie ou la littérature qu'elle subvertit à sa façon. Car ces personnages imposés depuis toujours dans l'imaginaire ont été enfermés dans des stéréotypes manichéens et simplistes. Chez elle, Ève devient la pécheresse, Judith la Sadique, Salomé la Sceptique, Pénélope l'Irrésolue, Sapho l'Incomprise, dans des renversements ironiques ou grotesques, mais qui ébranlent les clichés iconiques.

En 1928, elle publie *Aveux non avenus*, un récit autobiographique où elle mêle fragments de prose, poèmes, journaux et lettres, comme des couches successives et perverties par une ironie constante et iconoclaste. Elle-même caractérise son ouvrage comme de la « *poésie d'action indirecte* », qui lui

3. *Ibid.*

permet de dénoncer discriminations et haines de toutes sortes.

Il faudra attendre la mort de son père pour qu'elle se rapproche enfin du surréalisme, un mouvement que Maurice Schwob ne comprenait pas. « *Dans l'ensemble de ma vie, je suis ce que j'ai toujours été : surréaliste. Essentiellement. Autant qu'on le peut sans se tuer ou tomber au pouvoir des aliénistes*[4]. »

En 1932, elle rencontre André Breton et parallèlement s'affilie à L'Association des écrivains et artistes révolutionnaires, destinée à engager plus politiquement ses membres dans cette période agitée. En 1935, elle rejoint « Contre-Attaque », le mouvement de lutte fondé par Bataille et Breton, qui se veut marxiste et internationaliste, dont une seule publication verra le jour.

Mais dès 1937, Cahun et Moore envisagent de quitter Paris. Elles vont se réfugier sur l'île de Jersey où se rendait autrefois Marcel Schwob pour des raisons de santé et y achètent une maison qu'elles baptisent « La ferme sans nom ». Là-bas, elles passent pour deux sœurs qui vivent recluses. À partir de 1941, elles écrivent secrètement des tracts de contre-propagande en allemand – Moore étant bilingue – qu'elles signent « Le soldat sans nom ». Leurs tracts sont en général rédigés à partir de papiers ou d'emballages jetés par des soldats allemands. Parfois, elles détournent les slogans nazis ou retranscrivent des conversations en les associant à des images inat-

4. Claude Cahun, Lettre à Jean Schuster, 19 février 1953, in *Claude Cahun*, Catalogue d'exposition du Jeu de Paume.

tendues ou à des photomontages, toujours dans une « *activité surréaliste militante* », comme elle va le dire plus tard. Leurs textes sont si bien conçus qu'ils donnent l'impression d'être écrits par un officier en poste sur l'île, « *un fantôme en bande organisée*[5] ». Elles laissent aussi des bouteilles sur la plage avec de faux messages qui annoncent la victoire des Alliés. Partout, elles se débrouillent pour que l'on croie à une mutinerie, avec le fol espoir que des soldats nazis puissent réagir et se retourner contre leur commandement. Il s'agit de la part des deux femmes d'un acte de résistance isolé, sans lien avec d'autres groupes.

Mais en juillet 1944, elles sont dénoncées et arrêtées. Enfermées dans des cellules séparées à la prison militaire de Saint-Hélier et désespérées, elles font chacune une tentative de suicide – et encore une seconde pour Suzanne. La Gestapo a du mal à relier ces deux femmes d'un certain âge au « soldat sans nom ». Condamnées à mort, elles vont échapper de peu à leur sentence, avec une peine finalement commuée. En mai 1945, elles sont enfin libérées. Lorsque Claude Cahun ressort, elle tient l'insigne de l'aigle nazi entre ses dents, comme si c'était à son tour d'écraser l'oppresseur.

Entretemps, leur ferme a été perquisitionnée et pillée, leurs œuvres, considérées comme obscènes, détruites.

---

5. Claude Cahun, *Le Muet dans la mêlée*, in François Leperlier, *Écrits de Claude Cahun*, Albias, Jean-Michel Place Éditeur, 2002.

Claude Cahun, disparue en 1954, et Marcel Moore, en 1972, reposent toutes deux dans le cimetière de l'église de Sainte-Brelade, à côté de leur ancienne maison.

« *Si je vous ai parlé d'art, comprenez qu'il ne s'agissait que de vie*[6]. »

6. Claude Cahun, *Aveux non avenus*, *op. cit.*

L'anticipatrice

Katharine Burdekin, alias Murray Constantine

« … au fond de leur esprit se cache une grande peur de la puissance refoulée du sexe féminin[1]. »

Ce n'est pas la première fois qu'une œuvre éclipse son auteur. Cela pourrait même être le début d'une histoire imaginée par Katharine Burdekin, une autrice anglaise, cachée sans doute par précaution sous un nom d'emprunt. Déroulant un avenir sombre avec une prescience hallucinante, ses romans surprennent encore aujourd'hui par leur audace.

Née en Angleterre au sein d'une famille aisée, Katharine Burdekin n'a pas un parcours linéaire. Elle se confronte à un premier véto parental lorsqu'elle manifeste son désir d'étudier, comme ses frères,

1. Murray Constantine, *Proud Man*, London, Boriswood, 1934.

à Oxford. De fait, les femmes y sont à peine admises, leurs diplômes n'étant pas encore reconnus – ils ne le seront qu'à partir de 1920. Alors Katharine se marie. À un jeune avocat australien et champion olympique d'aviron. Pendant la guerre, elle participe à un détachement d'aide volontaire dans un hôpital militaire. Puis elle suit son mari à Sydney avec leurs deux jeunes enfants. À vingt-six ans, elle écrit son premier livre où elle raconte comment une jeune femme est brisée par un mari tyrannique. Est-ce le récit de sa vie ou celui qu'elle en a fait pour s'éviter de le vivre ? C'est en tous les cas à ce moment-là qu'elle quitte le sien et rentre en Angleterre avec ses filles.

Elle revient en Cornouailles près de sa mère et sa sœur, Rowena Cade. Celle-ci, passionnée de théâtre, après avoir monté en plein air le *Songe d'une nuit d'été* de Shakespeare, a décidé de se lancer dans la folle élaboration d'un amphithéâtre culminant au-dessus de la mer – elle va même jusqu'à sculpter des sièges comme autant de stèles dans la roche ! De son côté, Katharine change de vie.

Elle tombe amoureuse. D'une femme. Elle passera le reste de sa vie avec elle.

En 1927, l'écrivaine se tourne vers l'anticipation à laquelle elle va donner, au fil des années, une empreinte toujours plus féministe. Avec *The Burning Ring*, elle échafaude un curieux récit de voyage dans le temps, où un jeune homme, doté de suprapouvoirs – invisibilité et transfert d'identité d'un corps à un autre –, se promène dans les époques. S'ensuivent d'autres ouvrages jusqu'à ce que, en 1934, elle abandonne son ancienne signature pour un pseudonyme masculin : Murray Constantine, forgé comme souvent sur un nom de famille (Murray) et le nom d'un village des Cornouailles (Constantine), situé à une cinquantaine de kilomètres de là où elle vit.

Si elle ne s'en est jamais expliqué, il est certain qu'elle n'aurait pu écrire à visage découvert, à une époque où ses critiques corrosives contre le fascisme grimpant pouvaient lui attirer de réels ennuis. Sans compter qu'un éditeur n'aurait sans doute jamais pris le risque d'avoir un nom de femme sur la couverture d'une de ses collections. Cette même année, elle publie deux récits toujours sous pseudonyme. Dans le premier, *Devil, Poor Devil,* elle imagine que le diable, furieux d'être tombé en désuétude parce que plus personne ne croit en lui, se démène pour être à nouveau craint. Dans le second, *Proud Man,* elle invente un héros/héroïne non binaire, tantôt masculin ou féminin qui, une fois revenu dans une époque ancienne, s'interroge sur la réalité des genres et de leurs rôles à laquelle s'ajoute une critique sous-jacente de la violence liée aux privilèges de classe dans la société anglaise. On comprend mieux sa volonté d'imposer une distance entre elle-même et son livre.

En 1937, elle publie une terrifiante dystopie, *Swastika Night.* Écrit cinq ans après *Le Meilleur des mondes* d'Aldous Huxley, mais une dizaine d'années avant *1984* de George Orwell, son roman s'apprête à marquer un jalon dans le genre, très largement annonciateur de la sinistre théocratie à venir de *La Servante écarlate* de Margaret Atwood.

Elle y imagine, après un saut dans le temps de sept cents ans, que l'idéologie nazie a triomphé et définitivement soumis l'Europe. La fulgurante ascension de Hitler et ses discours guerriers sont certes suffisamment présents pour que pèse la menace d'un futur oppressant. Le Führer, qui a martelé qu'il voulait instaurer un Reich d'au moins mille ans, est devenu un mythe, un dieu vénéré par tous. Depuis longtemps, propagande et répression ont pris le pas au sein de cette nouvelle société où les juifs ont été exterminés. La population, privée de son passé comme de son histoire, n'a aucun accès aux livres, à l'éducation, ou même à l'art. Au sommet de la pyramide dominent les hommes forts ; tout en bas les étrangers servent d'esclaves. Quant aux femmes, elles sont réduites à leur fonction reproductrice et parquées comme des animaux dans des camps. Seule ombre au tableau, les naissances en berne qui menacent d'extinction leur civilisation. En projetant la vision cauchemardesque de la suprématie de « *saint Adolf Hitler, l'Unique Homme*[2] », n'a-t-elle pas voulu ainsi conjurer le sort ?

En tout, Katharine/Murray aura réussi à écrire une dizaine de romans. Mais le processus de création lui est pénible. Comme en transe, pendant les six semaines d'écriture, elle se nourrit peu, s'exprime rarement. Engagée à chaque fois dans un véritable

2. Katharine Burdekin, *Swastika Night*, Paris, Éditions Piranha, 2016 et Pocket, 2017, trad. fr. A.-S. Homassel.

combat dont elle ne sera délivrée, et au prix d'épisodes dépressifs, qu'une fois son manuscrit terminé.

Elle laisse un dernier roman qui ne sera pas publié de son vivant, et dont le titre est extrait d'un vers de Shakespeare, *The End of This Day's Business*[3]. Une sorte de parabole inversée de *Swastika Night*. Cette fois, quatre mille ans plus tard, ce sont les femmes qui régentent. Fatiguées des guerres et des conflits permanents engendrés par les hommes, elles ont pris les rênes. Ceux-ci vivent à part, ignorant leur passé. Une mère va toutefois décider de risquer sa vie pour dire la vérité à son fils.

Aujourd'hui, en dépit des tentatives de redécouverte aussi bien d'éditeurs que de critiques, Katharine/ Murray a disparu des mémoires. Un phénomène sans doute amplifié par le mystère de son pseudonyme dont le lien avec sa personne n'a pu être établi que dans les années 1980, grâce aux perspicaces recherches d'une universitaire[4]. Mais paradoxalement, cette mystification l'a aussi protégée et rendue libre. Elle doit au récit d'anticipation d'avoir pu exprimer ses angoisses face à une idéologie totalitaire. Et aussi, dès 1927, d'avoir pu mettre en avant ses propres questionnements sur le genre et l'identité.

---

3. Tiré de sa pièce *Julius Caesar*.

4. Il s'agit de Daphné Patai, University of Massachusetts Amherst.

Mary Poppins ou le destin animé

Helen Lynden Goff, alias P. L. Travers

> *« Je signe avec des initiales dans l'espoir que personne ne se demande si c'est une femme, un homme ou un kangourou qui a écrit le livre*[1] *! »*

Rien n'agace plus P. L. Travers qu'un journaliste consciencieux qui chercherait à lever le voile sur ses initiales ou, pire encore, qui oserait un « Madame » pour l'évoquer dans ses articles. « P. L. » est fait pour rester obscur, sibyllin par définition, et servir de bouclier contre l'extérieur. Ces deux lettres impersonnelles évitent commodément de rattacher son nom à une figure définie, à l'image des articles neutres de la langue anglaise. Mais si « *the mysterious P. L. Travers* » ne souhaite pas en dire plus sur son identité, elle ne déteste pas cette touche masculine que donne son pseudonyme. En effet, il lui importe

1. Interview donnée à Haskel Frankel, un journaliste de la *Saturday Review*.

surtout de ne pas être associée et « *mise dans le même sac que ces bonnes femmes* » qui écrivent de gentillettes histoires pour les enfants. Si ce n'est qu'à force de jouer la carte du secret, elle a aussi fini par disparaître derrière son œuvre la plus connue, *Mary Poppins*, une saga traduite dans vingt langues et comprenant huit tomes – s'étendant de 1934 à 1988. Et le succès du film de Walt Disney, qu'elle a tant détesté mais qui l'a rendue riche, a effacé jusqu'à sa personne. De fait, elle ne sera même pas invitée à la première !

Si elle avait eu les pouvoirs magiques de sa super *nanny*, elle se serait sans aucun doute attaquée à ce label « littérature pour jeunesse » dans laquelle on l'a enfermée. Une étiquette réductrice, voire un malentendu sur son œuvre qui ouvre, à chaque page, une porte sur un autre monde. « *Rien de ce que j'ai écrit avant Mary Poppins présentait le moindre rapport avec les enfants, et, quand j'y réfléchis sérieusement, j'ai toujours pensé qu'elle était sortie du même puits sans fond que la poésie, les mythes et les légendes qui m'ont absorbée tout au long de ma vie d'écrivain* », indique-t-elle dans un article intitulé : « *Je n'ai jamais écrit pour les enfants*[2]. »

Dans sa série des *Mary Poppins*, elle sème effectivement des références à des divinités celtiques ou à des déesses hindoues, mais aussi au bouddhisme zen. Elle insuffle une vision spirituelle à ses récits dans lesquels ses héros, dans un processus initiatique, acquièrent une forme de sagesse ou de savoir.

---

2. P. L. Travers, in *Mary Poppins, La Maison d'à côté*, Le Castor Astral, 2018, trad. fr. T. Beauchamp.

Il faut vite oublier les scènes (charmantes, mais qui s'éloignent beaucoup de l'original) du film de Disney pour comprendre l'étendue philosophique de ses fables, comme celle que les enfants découvrent, lors d'une visite au zoo, avec un serpent qui leur expose une parabole sur l'unité de la vie ; un renvoi aux contes du *Panchatantra* indien – dont s'est aussi inspiré La Fontaine – qui enseignent une morale grâce à des animaux au comportement humain. Symboles et métaphores tissent le cœur de ses textes et dépassent la simple féerie d'une nanny un brin bizarre qui s'envole dans les airs avec son parapluie et son sac à malices. Dans ce monde parallèle, le vent du surnaturel qui déferle cache des sorcières et autres elfes, chargés de décrypter les mystères pour les lecteurs qui sauront les voir.

Car le grand talent de P. L. est de procéder par strates, d'installer une situation apparemment normale, au sein d'une vie de famille, avec ses soucis et ses chagrins quotidiens, puis peu à peu d'y allumer les étincelles du merveilleux et de l'étrange. « *Il faut qu'il y ait de l'ordinaire pour comprendre l'extraordinaire, voire pour s'y rattacher, tout comme pour voler on a besoin de la terre ferme afin de prendre son envol*[3]. »

Elle concède que si le jeune public aime ses récits, c'est sans doute parce qu'elle-même n'a jamais oublié

3. Citation in Virginie Douglas, « Les récits britanniques pour la jeunesse dans l'entre-deux-guerres », OpenEdition Journals, 2013.

la ferveur de sa propre enfance. P. L. a connu une vie beaucoup plus extraordinaire que sa Mary Poppins. La petite Helen est née dans le bush de Queensland en Australie. Sa mère, sœur du chef du gouvernement de l'État du Queensland, a épousé un Anglais de descendance irlandaise qui s'est avéré un grand alcoolique. D'abord directeur de banque, il a vite été rétrogradé au rang d'employé en raison de son addiction. Mais doté d'une certaine culture, il a lu à sa fille de nombreux poèmes, dont ceux de W. B. Yeats, son premier modèle d'un nom à initiales. Il meurt brutalement d'éthylisme alors que la petite n'a que sept ans. Sa mère, qui tente pendant un certain temps de tenir le cap, un jour à bout, court vers la rivière où elle menace de se jeter. Pendant des heures, Helen ne sait pas si elle va revenir et s'emploie à distraire ses cadets avec de folles histoires extravagantes où tout finit toujours bien.

La famille part vivre ensuite chez une riche grand-tante à la fois sévère et excentrique, une sorte d'inspiration pour sa future Mary Poppins.

À vingt-quatre ans, Helen décrète qu'elle sera actrice et part en tournée avec une troupe shakespearienne. Pour ce faire, elle a besoin d'un nom de scène. Elle choisit le prénom de son père, « Travers », et Pamela Lyndon parce que ça sonne bien. Elle arrive ensuite en Angleterre où elle envoie un de ses poèmes au célèbre George William Russell, un Irlandais connu sous le pseudonyme de Æ, l'abréviation de *æon* (qui signifie « pour l'éternité »). Imprégné par un mysticisme ésotérique, Æ est l'un des chantres de la renaissance celtique. Il apprécie les vers de la jeune Australienne, lui en commande d'autres et lui fait rencontrer son idole, W. B. Yeats. Désormais, elle ne sera plus actrice, mais écrivaine à part entière et gardera ses initiales comme sa seule signature, jusqu'à se faire aussi appeler P.L. T.

Æ lui présente une femme avec laquelle P. T. va partager sa vie pendant dix ans. C'est durant cette période qu'elle va écrire *Mary Poppins.* Elle s'exprimera très peu sur ses différentes relations amoureuses, se donnant beaucoup de mal pour que rien ne filtre de sa vie privée.

Au-delà de voyages aussi variés que le Japon, les réserves de Navajos ou d'Amérindiens Hopis, l'autre grande aventure de sa vie sera la bataille serrée qui va l'opposer à Walt Disney dont elle va tenter – en vain – d'éliminer les anachronismes sentimentalo-sirupeux dans le film à venir. La famille est toujours un grand sujet pour elle qui, restée célibataire, veut adopter un petit garçon irlandais. On lui propose deux jumeaux encore bébés, mais sourde aux suppliques des géniteurs qui souhaitent ne pas les séparer, elle revient en Angleterre avec un seul des deux. Quand les jumeaux se retrouveront, devenus adultes, ils ne pourront lui pardonner. L'un est furieux que sa « mère » lui ait menti, et l'autre a l'impression d'être passé à côté de la vie qu'il aurait dû avoir.

Un regret sans doute que P. L. exprime dans le dernier ouvrage de sa saga, *La Maison d'à côté*, où un petit garçon adopté de force cherche par tous les moyens à revenir dans son pays natal.

Mary Poppins, elle, ne les aurait jamais séparés.

Au service du secret

Alice Bradley Sheldon, alias James Tiptree Jr.

« Un nom masculin me semblait être un bon camouflage[1]. »

Pendant dix bonnes années, le mystère aura été total. Dans le milieu de la science-fiction, quelques rumeurs courent sur l'identité de « Tip », qui ne veut surtout pas se montrer, et se tient à l'écart malgré le succès et les prix remportés par ses ouvrages. S'il ne parle jamais au téléphone – même pas à son agent ou à son éditeur –, il est pourtant assez disert dans ses lettres, toujours très disponible et aimable, à condition de s'adresser à lui par le biais d'une boîte postale. Rien d'étonnant à cela puisqu'il a travaillé pour la CIA et a appris à rester discret. Le secret est constitutif de sa personne. Cet isolement volontaire pourrait ressembler à celui de

1. Interview de Charles Platt, « Profile : James Tiptree Jr. » in *Isaac Asimov's Science-Fiction Magazine*, New York, avril 1983.

J. D. Salinger, mais le visage de ce dernier est au moins connu.

Ici ou là, Tiptree donne des informations sur sa vie, notamment sur sa curieuse enfance en Afrique centrale, avec ses parents partis en expédition sur les traces d'animaux encore peu répertoriés. Et un peu plus sur sa mère, autrice de récits pour enfants. Indice après indice, son portrait se précise. Selon les recoupements, il doit avoir la cinquantaine, être originaire de Chicago, célibataire, amateur de pêche et autres activités au grand air. Les lecteurs adorent sa vision très noire du monde, et les lectrices la manière dont ses héroïnes luttent contre la mainmise des hommes, quitte à leur préférer… des extraterrestres. Quoi qu'il en soit, ses livres ne se terminent jamais bien, toutes les tentatives d'échappatoire, aussi sophistiquées soient-elles, mènent à l'effondrement et à la destruction. Et si des alternatives semblent se dessiner à l'horizon, c'est pour attirer d'autres déchaînements catastrophiques. Sa vision crépusculaire de l'humanité passe par des questionnements sur les relations homme/femme, l'échec du progrès, la fin des rêves qui va de pair avec un véritable pessimisme écologique. La fatalité de la mort et l'anéantissement de l'espèce humaine reviennent dans ses pages de manière obsessionnelle.

Dans l'une de ses nombreuses lettres à Jeffrey D. Smith, son éditeur, Tiptree confie qu'il doit s'occuper de sa mère malade à Chicago. En novembre 1976, il lui annonce qu'elle s'est éteinte. Smith ne peut résister à l'envie d'en savoir plus et entreprend des recherches : aucune nécrologie n'existe sur un quelconque membre de la famille Tiptree récemment disparu. La seule qui corresponde à la description est une écrivaine du nom de Mary Bradley. Et il se trouve de surcroît que certains de ses livres se déroulent dans la forêt tropicale africaine. Mais le hic c'est que son unique descendance est… une femme, Alice Bradley Sheldon, âgée d'une soixantaine d'années, effectivement le personnage principal des récits pour enfants de sa mère. Des photos d'elle la montrent en Afrique avec son petit air sérieux, posant, pas plus impressionnée que ça, devant des guerriers kikuyus : *Alice in Jungleland.* Alice dans la jungle, notre autrice de science-fiction ? Renseignement pris, ladite Alice a publié une nouvelle dans le *New Yorker* à la fin de la guerre, en 1946, l'histoire d'une « personne déplacée », une jeune Polonaise forcée de travailler dans une maison allemande et qui tombe enceinte des œuvres d'un soldat américain. Et si cette Alice et ce Tiptree Jr ne faisaient qu'un, ou plutôt qu'une ?

Alice est démasquée, mais son éditeur lui promet de ne rien éventer. Il ne peut toutefois endiguer la curiosité des « fans » qui, voulant présenter leurs condoléances à leur écrivain favori, se sont eux aussi mis en chasse des faire-part dans les journaux locaux pour aboutir aux mêmes conclusions que lui. Une fois la mèche vendue, la planète science-fiction s'enflamme d'un coup. Avec la vague impression de s'être fait rouler. Résoudre une énigme ne va pas sans perte d'illusions, d'autant que la réalité peut sembler parfois bien terne. *Exit* le savoureux Tip, drôle, insaisissable et charmant. Comment ses récits hardis, ses cauchemars dans des futurs effrayants, ses fresques parfois si osées à grands coups de termes argotiques peuvent-ils être l'œuvre de cette dame ?

Suite à la révélation et après l'onde de choc sur son lectorat, ses livres sont comme par hasard beaucoup moins demandés. Comme elle l'a relaté elle-même, en un instant, elle s'est transformée en une vieille dame qui racontait des histoires. La magie de Tip s'en est allée. Cela a joué en retour sur sa propre inspiration qui semble aussi s'être tarie, ses propositions n'ayant plus le mordant d'avant. La légende était pour elle aussi plus excitante que la réalité. Dans son *Journal*, elle le constate amèrement : *« Toutes mes histoires étaient destinées à Tiptree Jr, à travers lui, j'avais le pouvoir et le prestige masculins, j'étais devenu l'un de ceux à qui appartient le monde*[2]. »

La vraie histoire d'Alice n'est pourtant pas anodine ; elle révèle un parcours incroyablement atypique. L'enfant autrefois médiatisée au fil des explorations de ses parents a d'abord été artiste peintre, puis officier de renseignement de l'armée de l'air pendant la guerre. Avec son second mari, elle est invitée à rejoindre la CIA où elle devient analyste de photo-intelligence. À plusieurs reprises, elle s'est effectivement lancée dans des voies encore très fermées à son sexe, le cas de nombreuses Américaines pendant la guerre qui, lorsque les « boys » sont rentrés, ont dû réintégrer au plus vite

2. Alice Sheldon, *Journal*, 11 janvier 1977, University of Oregon Libraries, Special Collections and University Archives.

leurs vies de bonnes mères de famille. Pour le couple, le retour à la vie civile se traduit par l'acquisition… d'une ferme de poulets dans le New Jersey. Puis Alice se remet aux études et achève un doctorat en psychologie expérimentale. Entretemps, elle a toujours écrit ou voulu écrire. Pas facile quand sa propre mère, célèbre pour ses récits pour enfants, a signé pas moins d'une soixantaine de romans policiers. Il faut se faire une place à soi.

À cinquante-sept ans, alors qu'elle s'apprête à envoyer des nouvelles à plusieurs magazines de science-fiction, elle réalise qu'il lui faudrait un nom de plume – la Sci-Fi est encore très masculine. « *J'avais l'impression qu'un homme passerait plus inaperçu*[3]. »

Avec son mari, dans l'allée d'un hypermarché où ils font des courses, Alice repère tout à coup un pot de confiture de la marque « Tiptree ». La sonorité l'amuse, pourquoi ne pas y ajouter le prénom James ? Son mari lui suggère en outre qu'avec un « Junior », ça ferait plus vrai. C'est à la fois sérieux et farfelu, mais c'est lancé : elle sera James Tiptree Jr. Comme un enfant qui cache un trésor, elle se réjouit de ce nouveau masque qui lui permettra d'écrire comme elle le sent.

Elle ne le sait pas encore, mais elle va vraiment « devenir » Tiptree ou Tip. Non seulement cette couverture lui permet d'entrer sans encombre dans la galaxie qu'elle s'est choisie, mais elle la libère. Comme un acteur qui interprète un rôle, elle peut

3. *Ibid.*

laisser sa propre vie au vestiaire et se recréer. À tel point que lorsqu'elle signe son courrier, sa graphie change comme si elle était devenue une autre. Toujours le soin apporté aux détails, venu sans doute de son passage par la CIA. Elle n'hésite pas non plus à envoyer des lettres à des écrivains qu'elle admire comme Tom Wolfe ou Italo Calvino – ce qu'elle n'aurait jamais fait sans son pseudonyme.

Là où elle va encore plus loin, c'est dans sa manière d'entremêler ses points de vue jusqu'à de vertigineuses mises en abyme. À des réflexions masculines souvent caricaturales, elle oppose une ironie et une charge féministe à peine déguisées. De fait, elle écrit comme un homme qui emprunterait le ressenti d'une femme, mais aussi comme une femme qui se glisse non sans une certaine ironie dans la peau d'un homme. Dans l'un de ses derniers essais, *Une femme qui écrit de la science-fiction*, Alice avoue n'être pas fière de son subterfuge. Si elle s'est taillé facilement une place de choix parmi les écrivains, elle ne s'est pas battue en tant que femme. Un raccourci qu'elle regrette.

Cette histoire pourrait s'arrêter là, comme une fable un peu amère et désenchantée, mais Alice ne part pas sans un dernier éclat.

Vers la fin des années 1980, souffrant de cyclothymie et de dépression, désemparée face à la vieillesse de son mari devenu aveugle, elle lui tire une balle dans la tête pendant son sommeil. Elle prend soin de le déclarer en téléphonant à leur avocat, puis quelques instants plus tard, met fin à ses jours, en se tirant la seconde balle, aussi dans la tête.

Il a beaucoup été dit sur cet homicide-suicide ; pour la version haute, un pacte entre époux scellé il y a bien longtemps. Pour la basse, l'accord de son mari n'avait peut-être pas été formellement donné.

On les a retrouvés main dans la main dans leur lit. Sans doute en chemin vers un monde parallèle.

Cherchez la femme

Prosper Mérimée, alias Clara Gazul
Pierre Louÿs, alias Bilitis
Raymond Queneau, alias Sally Mara

Les pseudonymes ont ceci de merveilleux qu'ils offrent toujours une histoire dans l'histoire, avec pour certaines, de réjouissantes mystifications. Et comment ne pas se tromper sur des noms qui surgissent ? Victor Hugo, en voyant pour la première fois celui de Gustave Flaubert, est persuadé que c'est un « *pseudonyme de Mme Louise Colet* ». À telle enseigne que lorsqu'il veut écrire à celle-ci, il inscrit « Gustave Flaubert » sur l'enveloppe. Quelle n'est pas sa surprise lorsqu'il apprend avec *Madame Bovary* que ce Gustave Flaubert existe bel et bien[1]. On sait que Louise Colet et Flaubert ont vécu une relation amoureuse intense, mais aujourd'hui il ne reste de Louise Colet plus guère que la silhouette d'une correspondante et amante de l'ermite de Croisset. Et pourtant, de onze ans son aînée, l'écrivaine a connu

1. Anecdote rapportée par Jules Claretie in *La Vie à Paris*, 1910, Hugo étant encore en exil.

une réelle heure de gloire. Pour Barbey d'Aurevilly – baromètre affolé de la présence des femmes en littérature – elle « *n'est pas seulement un bas-bleu. C'est le bas-bleu même* » (on appréciera la nuance). Pour la menée de son travail, elle n'a pas estimé utile de s'abriter derrière un pseudonyme, sauf lors d'un voyage en Égypte où elle a écrit des articles sur le système politique en vigueur. Correspondante pour le journal *Le Siècle*, elle était : Mohammed Al-Akmar.

Mais certains hommes ont aussi voulu se faire passer pour des femmes. Quelques-uns se sont réappropriés des noms fictifs, ainsi Maupassant qui signe « Maufrigneuse » lorsqu'il écrit pour la presse, d'après une duchesse éponyme qui apparaît à plusieurs reprises dans *La Comédie humaine*.

D'autres s'inventent des hétéronymes. Mérimée crée en 1825 la dénommée Clara Gazul, une comédienne espagnole devenue dramaturge, dont on peut lire les courtes pièces « traduites » par un certain Joseph Lestrange. Sur la couverture du *Théâtre de Clara Gazul*, on découvre une gravure de la jeune femme sous une mantille, une croix autour du cou, l'air grave. En réalité, c'est un portrait de Mérimée déguisé en femme. La mystérieuse Espagnole est présentée comme il se doit dans une préface. Et quel destin romanesque ! Née de père inconnu, la fillette demeure peu de temps chez un oncle, exécuté par l'armée française lors de la campagne de Napoléon dans la péninsule Ibérique. Placée chez un religieux de l'Inquisition qui ne lui laisse accès à rien d'autre que des livres pieux, elle parvient à se tourner vers le théâtre. Comment n'a-t-on jamais entendu parler d'elle avant ? À vingt-deux ans, le jeune Mérimée n'a encore rien publié, hormis des nouvelles. On chuchote qu'il pourrait être l'auteur du *Théâtre de Clara Gazul*. Il faut dire qu'il n'a pas résisté à l'idée de lire certaines pièces en public avant que ne paraisse l'ouvrage… L'incorrigible récidive deux ans plus tard avec *La Guzla* (un anagramme de Gazul), une sélection de poésies en provenance des Balkans, d'un supposé barde nommé Hyacinthe Maglanovich. Sa supercherie n'est pas percée à jour.

Soixante-dix ans plus tard, en 1895, c'est au tour de Pierre Louÿs – vingt-cinq ans – de se poser en traducteur d'une poétesse antique grecque du VIe siècle. Un archéologue allemand aurait retrouvé son tombeau à Chypre et retranscrit ses poèmes gravés dans la pierre – un petit miracle en soi. Le professeur allemand en question s'appelle G. Heim, qui se prononce comme *Geheim* et veut dire… « secret ». Mais cette voix d'un si lointain passé qui refait brutalement surface est trop intrigante pour qu'on prête attention aux détails. Louÿs retrace la vie de la jeune femme qui aurait été une amie de la fameuse Sapho et aurait vécu, elle aussi, sur l'île de Lesbos, à Mytilène. Elle finit ses jours comme courtisane. Plus abouti que celui de Mérimée, son canular est bâti sur une bibliographie savante. Son tour de force est d'être arrivé à convaincre les hellénistes les plus chevronnés – ce qu'il est lui-même. À la sortie des *Chansons de Bilitis*, personne ne met en doute la trouvaille. On critique plutôt certains choix de traductions, ce qui enchante l'imposteur.

Par la suite, la pseudo-Bilitis va figurer dans les anthologies.

Dans les années 1940 et 1950, au sortir de la guerre, d'autres exemples fleurissent. Dans la maison d'édition Scorpion où Boris Vian a publié *J'irai cracher sur vos tombes* sous le pseudonyme de Vernon Sullivan, paraît le roman d'une jeune écrivaine irlandaise, Sally Mara. Si Vian a joué au faux traducteur d'un auteur américain, celui de Sally Mara s'appelle Michel Presle, inconnu au bataillon. Ce dernier raconte avoir reçu le manuscrit des mains mêmes de la jeune femme avant qu'elle ne meure. Et pourtant vont suivre deux romans, préfacés par leur auteure qui dément : « *Je n'ai rien d'un fantôme, à la corpulence près*[2]. » Morte ? Pas morte ? On ne sait plus !

Pour se moquer des distinctions littéraires, Vian crée le fantaisiste prix Tabou – l'occasion, dit-il, de boire un coup. Tiré au sort, le Tabou est alors attribué à… Sally Mara. Et c'est Raymond Queneau qui vient chercher le prix. On aurait dû tout de suite reconnaître le créateur de l'Oulipo derrière les trouvailles langagières de cette Zazie bis.

Plus récemment encore, en Espagne, à l'occasion de la remise du prestigieux prix Planeta à l'écrivaine Carmen Nola, une professeure de mathématiques qui n'apparaissait jamais et ne répondait à ses interviews que par écrit, trois hommes se sont présentés à sa place. Un trio bien rodé d'amis et de scénaristes

---

2. Préface in Raymond Queneau, *Les Œuvres complètes de Sally Mara*, Paris, Gallimard, 1979, coll. « L'Imaginaire ».

ayant uni leurs talents. Leur secret a tout de même tenu quatre ans. La révélation n'a pas été du goût de tout le monde, certains dénonçant une escroquerie qui, de surcroît, joue sur la corde féministe.

Si ces auteurs ont imaginé un alter ego féminin, c'est principalement par goût pour l'imposture littéraire, non dans le but de contourner une censure, réelle ou morale, comme leurs consœurs de jadis ou d'alors. Non pas que, pour certaines d'entre elles, il n'y ait jamais eu une part de jeu dans la création de tels stratagèmes, mais leurs dédoublements ont surtout été vécus comme libérateurs. Comme pour mieux s'affranchir de ces nombreux stéréotypes qui les ont si longtemps maintenues dans des représentations genrées.

Épilogue

Toutes ces pratiques ont évidemment évolué au fil du temps, même si, ici ou là, de subtiles variations sont restées dans un même droit-fil. Dans les années 1990, J.K. Rowling, alors jeune autrice débutante, suit les conseils de son agent et laisse des initiales à la place de son prénom – J pour Joanne et K en hommage à celui de sa grand-mère. Celui-ci craint que le public de jeunes garçons visé par son école de sorciers ne soit rebuté par le livre d'une femme – c'était aussi avant de constater que les petites filles allaient, elles aussi, s'enflammer de la même manière. Puis, devenue ultracélèbre, J. K. signe un roman policier sous le pseudonyme de Robert Galbraith. Pendant trois mois, son livre stagne jusqu'à ce que son identité soit connue et remonte, en quelques jours à peine, à la première place. L'écrivaine voulait simplement s'essayer à un genre inédit pour elle sans être encombrée par sa notoriété.

C'est à peu près le même cheminement que poursuit l'Italienne la plus célèbre du monde, Elena Ferrante. Même avant l'explosion médiatique de *L'Amie prodigieuse,* elle avait déjà publié sous ce nom un premier ouvrage dans les années 1990. Puis, sans doute sur l'insistance de son éditeur, elle s'est résolue à écrire une vraie-fausse autobiographie dont on imagine bien qu'elle n'est pas le reflet de sa propre vie. Son anonymat et son pseudonyme sont pour elle la garantie d'un « *espace de liberté absolue de création* ». Plusieurs enquêtes ont été menées afin de tenter de la démasquer, la première par le biais d'une analyse informatique de textes, la seconde s'apparentant davantage à une chasse indigne, il faut le souligner. Finalement s'agit-il d'une femme ou d'un homme ? Ou d'un couple[1] ? Elena Ferrante se refuse à répondre, prouvant notre difficulté contemporaine à buter sur un mystère. Est-ce qu'« elle » serait lue différemment si son identité était connue, plus aimée, ou davantage critiquée ?

Dans les années 2000, deux romancières préfèrent prendre un nom commun et masculin pour, disent-elles, attirer le plus de lecteurs possibles – même si leur identité a rapidement été rendue publique. Magnus Flyte, l'auteur plébiscité de *The City of Dark Magic* entre autres, est le nom de plume de Christina Lynch et de Meg Howrey. Car, si les lectrices s'intéressent indifféremment à des ouvrages d'auteurs ou d'autrices, ce n'est pas encore le cas des hommes qui, eux, montrent plus de réserve dans leurs sélections et élisent de préférence des auteurs.

1. Selon un journaliste d'investigation, il s'agirait de la traductrice de langue allemande Anita Raja, qui travaille pour Edizioni e/o, la maison d'édition d'Elena Ferrante. Et/ou de son mari, l'écrivain et journaliste Domenico Starnone.

ÉPILOGUE

À tout nom sa mythologie.

Ne serait-ce que d'un point de vue historique et documentaire, du XVIIe à aujourd'hui, tant d'écrivaines, entretemps invisibilisées, racontent, entre péripéties personnelles et œuvres, leur obstination à écrire. Il reste à les remettre sur le devant de la scène littéraire, là où elles auraient dû garder leur place au cœur de notre histoire.

Pour en savoir plus sur ces femmes

Général

REID, M., dir., *Femmes et Littérature, I et II*, Paris, Gallimard, 2020, coll. « Folio Essais ».

PLANTÉ, C., *La Petite Sœur de Balzac*, Lyon, Presses universitaires de Lyon, 2019.

BARD, C., *Une histoire politique du pantalon*, Paris, Ed. Seuil, 2010.

SOUMET, H., *Les Travesties de l'histoire*, Paris, E. First, 2014.

CONSTANS, E., *Ouvrières des lettres*, Pulim, Presses universitaires de Limoges, 2017.

Scudéry-La Fayette

SCUDÉRY (de), M., *Clélie, histoire romaine*, édition et préface de Delphine Denis, Paris, Gallimard, 2006, coll. « Folio Classique ».

GRANDE, N., « Stratégie d'écriture : la carrière de Madeleine de Scudéry », HAL Open Science, 2014.

Madame de La Fayette, *La Princesse de Clèves*, Paris, Le Livre de Poche, 1973.

Mme de Duras

Madame de DURAS, *Ourika*, Paris, Gallimard, 2010, coll. « Folio Classique ».

DIETHELM, M.-B., *Claire de Duras, Chateaubriand et l'année des Quatre Romans, 1822,* in « Femmes artistes et écrivaines dans l'ombre d'un grand homme », Paris, Classiques Garnier, 2019.

CHATEAUBRIAND (de), F. R., CUSTINE (de), D., DURAS (de), C., *L'Amante et l'Amie, Lettres inédites 1804-1828,* Paris, Gallimard, 2017, coll. « NRF ».

Jane Austen

STAFFORD, F., *Jane Austen, Une passion anglaise*, Paris, Tallandier, 2019.

Les Sautes d'humour de Jane Austen, Paris, Payot, 2014, trad. V. Bechl.

WOOLF, V., *Jane Austen, Entre les lignes*, Toulouse, Gwen Catalá Éditeur, 2018, trad. J.-Y. Cotté.

Mary Diana Dods, alias David Lindsay

DODS, M. D., *Tales of the Wild and the Wonderful*, Glasgow, Good Press, 2022.

BENNETT, B. T., *Mary Diana Dods, A Gentleman and a Schlolar*, New York, William Morrow and Company, Inc, 1991.

Mary Shelley

SHELLEY, M., *Frankenstein ou le Prométhée moderne*, J'ai Lu, 1994.

BENNETT, B. T., and CURRAN, S., *Mary Shelley in Her Times*, Baltimore, John Hopkins University Press, 2000.

Aurore Dupin, alias George Sand

SAND, G., *Histoire de ma vie*, Paris, Gallimard, 2004, coll. « Quarto ».

SAND G., FLAUBERT G., *Correspondance*, Paris, Flammarion, 1989.

SAND G., *Gabriel*, Paris, Gallimard, 2019, coll. « Folio théâtre ».

GREILSAMER C., GREILSAMER L., *Dictionnaire George Sand*, Paris, Perrin, 2014.

Gabrielle Cisternes de Courtiras,
alias comtesse Dash, alias Jacques Reynaud

GIACCHETTI, C., *La Comtesse Dash dans l'atelier d'Alexandre Dumas*, in « Femmes artistes et écrivaines dans l'ombre d'un grand homme », Paris, Classiques Garnier, 2019.

Delphine de Girardin,
alias vicomte Charles de Launay

GIRARDIN (de), D., *Lettres parisiennes du vicomte de Launay*, Paris, Le Temps retrouvé, Mercure de France, 2004.

Marie de Flavigny, Comtesse d'Agoult,
alias Daniel Stern

STERN, D., *Mémoires, Souvenirs et Journaux*, Paris, Mercure de France, 2007.

MONOD, M. O., *Daniel Stern, Comtesse d'Agoult*, Paris, Des Femmes, 2022.

Charlotte Brontë, alias Currer Bell,
Emily Brontë, alias Ellis Bell
et Anne Brontë, alias Acton Bell

BRONTË, C., in *Se construire avec patience*, Rome, L'Orma, 2021, trad. M. Bricler.

BRONTË, C., *Lettres choisies*, Paris, Quai Voltaire, 2017, trad. C. Lacroix.

EL MAKKI, L., *Les Sœurs Brontë, la force d'exister*, Paris, Tallandier, 2017.

Mary Anne Evans, alias George Eliot

OZOUF, M., *L'Autre George*, Paris, Gallimard, 2018, coll. « NRF ».

ELIOT, G., *Middlemarch*, Paris, Gallimard, 2005, coll. « Folio Classique ».

Louisa May Alcott, alias A. M. Barnard

MAY ALCOTT, L., *Life, Letters and Journals*, New York, Gramercy Books, 1995.

MAY ALCOTT, L., *Les Quatre Filles du Docteur March*, Paris, Ed. Gallmeister, 2022.

CHEEVER, S., *Louisa May Alcott, A Personal Biography*, New York, Simon & Schuster, 2010.

Françoise Adèle Chartier, alias Camille Delaville

SANCHEZ, N., « Camille Delaville, une journaliste féministe ? », Genre et Histoire, OpenEdition Journals, 2010.

Louise-Cécile Boufflé, alias Arvède Barine

ERNOT, I., « Une historienne au tournant du siècle », in *Persée*, 1998, « Figures d'intellectuelles ».

BARINE, A., Portraits de femmes, Paris, BNF Gallica, 1906.

Jeanne Ninous, alias Paul d'Aigremont

MARTIN, Y.-O., *Histoire du roman populaire en France*, Paris, Albin Michel, 1980.
NINOUS, P., *Tragique Amour*, BNF Gallica, 1913.

Alice Fleury, alias Henry Gréville

GRÉVILLE, H., *Le Vœu de Nadia*, Bibebook, 1883.

Marie-Amélie Chartroule de Montifaud, alias Marc de Montifaud

BROGNIEZ, L., *Marc de Montifaud, une femme en procès avec son siècle*, Bruxelles, Sextant n° 6, 1996.
MONTIFAUD (de), M., *Madame Ducroisy*, BNF Gallica, 1879.

Marie-Paule Courbe, alias G. d'Estoc

PICQ, G., *Reflets d'une Maupassante*, Scribd, Éditions des Commérages, 2015.
CADÈNE, N., « G. d'Estoc, une féministe méconnue », HAL Open Science, 2023.

Katherine Harrias Bradley & Edith Emma Cooper, alias Michael Field

STURGEON, M., *Michael Field*, Good Press, 2022.

Victoria Benedictsson, alias Ernst Ahlgren

BENEDICTSSON, V., *L'Argent*, Clichy, Cupidus Legendi, 2019.

Renée Gouraud d'Ablancourt,
alias René d'Anjou

ANJOU (d'), R., *Véga la Magicienne*, avec une postface de Jean-Luc Houdu, Ed. Banquises et Comètes, 2022.

Jeanne Loiseau, alias Daniel-Lesueur

MARTIN, Y.-O., *Histoire du roman populaire en France*, Paris, Albin Michel, 1980.

Violet Paget, alias Vernon Lee

COLBY, V., *Vernon Lee, A Literary Biography*, University of Virginia Press, 2003.

Marguerite Eymery, alias Rachilde

RACHILDE, *Monsieur Vénus*, suivi de *Madame Adonis*, Paris, Gallimard, 2024, coll. « Folio ».

RACHILDE, *La Tour d'amour*, Paris, Gallimard, 2024, coll. « L'Imaginaire ».

RENARD, J., *Journal*, Paris, Robert Laffont, 1990.

Emma de la Barra, alias César Duáyen

DUÁYEN, C., Stella, Hardpress Publishing, 2013.

Marie Lera, alias Marc Hélys

HÉLYS, M., *Le Secret des* Désenchantées, Paris, Éditions Manucius, 2004.

ODOEVSKY MASLOV, L., *De Marie Lera à la mystérieuse Leyla*, Academia.edu, 2023.

QUELLA-VILLÉGER, A., *Évadées du harem, affaire d'État et féminisme à Constantinople*, Paris, Babel, 2011.
LOTI, P., *Les Désenchantées*, Actes Sud, 2015.

Caterina Albert i Paradís, alias Víctor Català

CHARLON, A., in « Regard sur les Espagnoles créatrices », *Víctor Català, femme de lettres sulfureuse, romancière amateur ou écrivain tout court ?* Presses Sorbonne Nouvelle, 2006.
GARCÉS, T., « Conversa amb Víctor Català », Víctor Català, *Obres completes*, in Carmen de la Guardia Herrero, « Pseudonymes, silences et identités d'écrivain », Presses universitaires Paris Nanterre, 2011.

María de la o Lejárraga García, alias Gregorio Martínez Sierra

MARTÍNEZ SIERRA, M., *Gregorio y yo*, Valencia, Pre-Textos, 2000.

Sidonie-Gabrielle Colette, alias Willy

COLETTE, *Mes apprentissages*, Paris, Fayard, 2004.
COMPAGNON, A., *Un été avec Colette*, Équateurs/ France Inter, 2022.

Marie de Heredia, alias Gérard d'Houville

HOUVILLE (d'), G., *L'Inconstante*, Paris, Fayard, rééd. numérique, 2019.
FLEURY, R., *Marie de Régnier*, Paris, Tallandier, 2008.

Isabelle Eberhardt, alias Mahmoud Saadi

EBERHARDT, I., *Écrits intimes*, Paris, Ed. Payot, 1991.

DJEBARA, T. H., « Brouillage d'identité chez I. E. : le mystère de la femme déguisée », revue *Socles*, 2018.

TAVERNIER, T., *Isabelle Eberhardt, un destin dans l'islam*, Paris, Tallandier, 2016.

SAUVAT, C., *Isabelle Eberhardt ou le Rêve du désert*, Paris, Ed. du Chêne, 2003.

Pauline Mary Tarn, alias René(e) Vivien

VIVIEN, R., *Lettres inédites à Jean Charles-Brun*, Paris, Éditions du Mauconduit, 2020.

CLIFFORD BARNEY, N., *Souvenirs indiscrets*, Paris, Flammarion, 1960.

Marguerite Radclyffe-Hall, alias Radclyffe Hall

HALL, R., *Le Puits de solitude*, Paris, Gallimard, 2006, coll. « L'Imaginaire ».

CLINE, S., *Radclyffe Hall, A Woman Called John*, London, John Murray, 1997.

Catherine Pozzi, alias C. K.

POZZI, C., *Journal*, Paris, Phébus, 2005.

POZZI, C., PAULHAN, J., *Correspondance*, Paris, Ed. Claire Paulhan, 1999.

Karen Blixen, alias Isak Dinesen

BLIXEN, K., *Lettres du Danemark*, Paris, Gallimard, 2002.

BLIXEN, K., *Sept Contes gothiques*, Paris, Stock, 1980.

THURMAN, J., *Karen Blixen*, Paris, Seghers, 1986.

Lucy Schwob, alias Claude Cahun

CAHUN, C., *Aveux non avenus*, Paris, Mille et une Nuits, 2011.

CAHUN, C., *Héroïnes*, Paris, Mille et une Nuits, 2006.

Katharine Burdekin, alias Murray Constantine

CONSTANTINE, M., *Swastika Night*, Paris, Éditions Piranha, 2016.

Helen Lyndon Goff, alias P. L. Travers

LAWSON, V., *Mary Poppins, She Wrote, The Life of P. L. Travers*, New York, Simon & Schuster Paperback, 1999.

TRAVERS, P. L., *Mary Poppins, La Maison d'à côté*, Montreuil, Le Castor Astral, 2018.

Alice Bradley Sheldon, alias James Tiptree Jr.

PHILLIPS, J., *James Tiptree, Jr., The Double Life of Alice B. Sheldon*, New York, St Martins Press, 2006.

Mérimée, Pierre Louÿs et Raymond Queneau

MÉRIMÉE, P., *Le Théâtre de Clara Gazul*, Paris, Gallimard, 1985, coll. « Folio ».

LOUŸS, P., *Les Chansons de Bilitis*, Paris, Gallimard, 2001, coll. « Poésie ».

QUENEAU, R., *Les Œuvres complètes de Sally Mara*, Paris, Gallimard, 1979, coll. « L'Imaginaire ».

Table des matières

NORD COMPO
multimédia

Composition et mise en pages
Nord Compo à Villeneuve-d'Ascq

Imprimé en France par CPI
en août 2024

Dépôt légal : septembre 2024
N° d'édition : 618921-0
N° d'impression : 180357